아날로그 성공모드

-느림의 성공법칙을 말하다-

〈여성 최초 기자출신 MBC 뉴스앵커〉 김은혜의 디지털 시대 성공전략!

아날로그 성공모드

-느림의 성공법칙을 말하다

Success By Analog

김은혜 지음

순정아이북스

Prologue

디지털 시대를 살아가는 독자들에게

우리는 주변에서 수많은 성공신화를 접하고 꿈꾼다. 그러나 개인의 욕심이나 시대의 변화로 몰락하는 동전의 양면 같은 결과도 자주 접한다. 아쉽게도 디지털 시대의 성공은 그 호흡이 짧아지는 경향이 있다. 남을 밟고 올라서지 않으면 살아남을 수 없다는 절박한 심정과 어떻게라도 튀어야 한다는 생각이, 원칙과 정도를 무시하고 기교를 앞세우게 만들고 있다. 어느덧 우리는 살아남기 위해 조급해하고 비정해지는 데에 익숙해져 버렸는지도 모른다.

오늘날 사람에 대한 존중은 물질만능으로 대체되고, 인생의 원칙과 신뢰는 발 빠른 요령과 임기응변에 자리를 내주고 있다. 그렇다면 '21세기 성공은 빠르고 보이는 기교에만 의지해야 하는 걸까?'

하지만 나에겐 조금 모자라고 조금 천천히 길에서 머뭇거려도, 보이지 않는 원칙과 과정에 충실한다면 성공에 가까이 갈 수 있을 거라는 확신과 바람이 있다.

20대의 나에겐 기자 출신 첫 여성앵커, 방송계의 첫 정치부 여기자라는 '최초'의 수식어가 늘 따라다녔다. 그러나 내게 성공이란 화려하지만 순식간에 꺼질 수 있는 불꽃과도 같은 성질의 것이었다. 그것을 깨닫고 위기감을 느꼈던 시기가 2001년이다. 한창 앵커로 뛰고 활약하고 있었을 때 나는 망설임없이 마이크를 놓고 미국 유학길에 올랐다. 박수칠 때 떠나고 싶은 마음도 있었지만, 재충전의 필요성을 절절히 체감하고 있었다. 그리고 무엇보다 더 넓은 세상과 부딪치며 많은 것을 경험해 보고 싶었다. 세간의 관심과 화려한 스포트라이트를 뒤로 한 채 유학을 택한 이유를 사람들은 의아하게 생각했지만, 그것은 성공이라는 짧은 명제에 긴 호흡을 불어넣어준 결정적인 계기가 되었다.

특히 스탠포드와 실리콘밸리는 내게 평생 잊지 못할 사건의 연속이었다. 그 중에서도 세계적인 경영자로 손꼽히는 전 HP 회장 칼리 피요리나를 비롯해 이베이 CEO 맥 휘트먼, 야후 CEO 제리 양 등과의 일대일 만남은 충격이었다. 빠르게 변화하는 이 디지털 시대를 움직이는 리더들은 오히려 느리고 긴 호흡으로 삶을 채워가고 있었기 때문이다.

당장의 수익을 내지 못하면 살아남을 수 없고, 24시간을 일해도 부족한 위치가 CEO라는 자리다. 그러나 그들은 열정과 집념을 갖고 일에 몰두하면서도, '사람'을 신뢰하고, 올바른 행보를 실천하고자 하는 아날로그적인 마인드를 잊지 않고 있었다. 그들의 성공 뒤에는 아날로그라는 버팀목이 존재하고 있었던 것이다.

아날로그의 경쟁력은, 9.11테러가 발생했던 당시 워싱턴특파원으로 일하면서 다시 한번 느낄 수 있었다. 당시 만났던 미국 방송사의 앵커와 기자들은 신속함으로 승부하는 인터넷 뉴스 시대에 부응하면서도 잊지 않는 철칙이 있었다. 바로 '속도'보다 중요하게 생각하는 것이 원칙에 충실한 '정확성'이라는 점이었다. 우리가 기존에 알고 있던 성공의 요건이 보기좋게 뒤집어졌다. 흔히 남보다 빠르고 목소리가 커야 성공한다고 하지만 결국은 느리더라도 인간적인 아날로그 마인드가 성공의 키워드가 될 수 있다는 것을 보여준 사건들이었다. 이 경험들은 내게 성공이란 무엇인지 다시 원점에서 돌아보게 하는 전환점이 되었다.

유학을 마친 후 한국에 돌아와 경제부에서 뛰게 된 나는, 국내 각 분야의 CEO들을 만나면서 디지털 시대를 주도하는 아날로그의 위력을 더욱 실감할 수 있었다. 그들은 세계를 이끌어가기 위해 기술과 정보를 이야기하면서도 사람에 대한 믿음을 지니고, 정도를 걸어야 한다는 원칙을 지켜나가고 있었다. 처세와 기교가 난무하는 세상 속에서 숨겨진 보물을 찾은 듯한 느낌이랄까? 뿌듯한 보람이 내 몸을 채우기 시작했다.

아날로그 마인드의 중요성에 대한 확신은 앵커로 다시 뉴스를 진행하면서 한번 더 느낄 수 있었다. 시청자들이 진정으로 원하는 것은 냉철하고 차가운 뉴스보다는, 사람의 향기가 느껴지는 뉴스라는 사실을 깨달았다. 여기자로서는 처음으로 밤 시간대 단독뉴스인 '마감뉴스'를 전하면서 나는 따뜻함이 묻어나는 아날로그적 뉴스로 시청자들과 만나기 위해 노력했다. 그 결과 생각지 못했던 좋은 반응과 과분한 격려의 메시지를 많이 받았다. 유학생활을 하면서, 그리고 다시 뉴스를 진행하면서 느꼈던 경험들은 책을 내는 데에 결정적인 자극이자 밑거름이 됐다. 이 책을 통해 나는 디지털 시대에 성공을 이끄는 '아날로그의 힘'을 많은 사람들과 함께 느끼고 싶다. 뜸들이지 않은 밥이 속을 불편하게 만드는 것처럼, 인생의 중심이 서 있지 않은 사람의 처세는 금세 바닥이 드러날 수밖에 없다는 진리를 함께 공감하고자 한다. 가랑비에 옷이 서서히 젖어들듯이, 원칙을 지키며 차근차근 준비하는 사람에게 성공의 추는 기우는 법이다. 원칙, 인내, 신의, 책임감 등 아날로그 코드에 충실한 사람이 결국 성공한다는 것을 말해 주고 싶다.

나는 21세기 디지털 시대에 성공하기 위해서는 결국은 아날로그로 무장해야 뒷심을 발휘할 수 있다고 믿는다. 디지털 기술로 제품은 지속적인 발전을 하고 있지만 아무리 뛰어난 제품이라도 상품을 선택하고 구매하는 사용자는 결국, 아날로그적 인간이기 때문이다. 시대에 뒤떨어진 듯 여겨지던, 사람에 대한 원칙과 신뢰, 책임 등의 아날로그적 개념들이, 나만의 경쟁력을 창출할 성공 시너지가 되고 있는 셈이다.

느리게 보일 수도 있지만 가장 빠른 성공의 지름길이 아날로그 방식에 있다는 것을 나는 확신한다. 그래서 아날로그 필승전략을 펼쳐나가는 여정에 여러분을 초대하려고 한다. 그 숨겨진 보물을 찾아 지금부터 함께 떠나보자.

2006년 1월

김은혜

| Contents |

Step 2 시간 및 대화관리

Step 3 자기관리

Chapter 4
아날로그 마인드 엿보기

1
Chapter

아날로그 감성의 힘

세계를 이끌어가는 성공한 리더들은 아날로그 방식에 충실한 사람들이다.
디지털 경쟁시대에도 조용히 세상을 움직이는 힘은 '기술'보다는 '사람'에게 있다.
디지털 시대를 움직이고 있는 아날로그의 파워를 살펴본다.

1. 감성의 아날로그가 세상을 움직인다

흔히 우리는 신세대를 '디지털 세대', 구세대를 '아날로그 세대'로 표현하기도 하고 문명의 발달에 적응하지 못하는 것을 아날로그 마인드라고 말하기도 한다. 그러나 이것은 잘못된 표현이다. 겉으로 드러난 모습만 보고 부르는 피상적인 호칭에 불과하다. 디지털은 손가락이란 뜻의 라틴어 '디지트(Digit)'에서 시작된 단어로, 모양으로 표시되는 아날로그에 비해 분명하게 숫자를 셀 수 있다는 의미이다.

그래서 더욱 아날로그의 의미를 깊이 생각해 볼 필요가 있다. 디지털은 0 아니면 1, Yes 아니면 No를 명확히 규정하는 것이다. 그런데 우리가 살아가고 있는 세상은 이것 아니면 저것으로 규정될 수 없는 부분이 더 많다. 즉 Yes와 No 사이에 수많은 경우의 수가 존재

함을 인정하는 것이 아날로그이다.

정(正)과 반(反)에서 합(合)을 도출하고, 성공과 실패라는 결과만으로 재단하는 것이 아니라 그 과정을 중시할 수 있는 인간적 여유가 필요하다. 실패했어도 성공에 다가가기 위해 0.1걸음씩의 도전을 다시 시작하는 것, 1에 도달하지 못했어도 0.999에 이르는 노력의 과정을 소중히 여기는 것은 디지털이 할 수 없는 아날로그만의 가치이다.

쉽게 말해 인간이 보고, 말하고, 느끼는 것을 아날로그라고 생각하면 된다. 따라서 아날로그는 시대에 뒤떨어진다는 의미가 아닌 '인간적인', '인간다운'의 의미로 해석되어야 한다. 어떻게 보면 아날로그는 과거로의 퇴보가 아닌 미래를 향한 디딤돌로 생각해야 하는 것은 아닐까?

삼성그룹 이건희 회장은 '21세기는 소프트 경쟁력 시대다'라고 말한 바 있다. 눈에 보이지 않는 것에서 가치를 찾아내고 그것을 제품으로 만들어 부가가치를 높이는 것을 의미한다. 여기에는 새로운 제품생산에서 차별화된 브랜드 전략, 고객만족을 위한 서비스, 광고 등 사람의 마음을 사로잡을 마케팅도 포함된다. 특히 제품생산 외에 중요한 요소로 자리잡고 있는 마케팅 요소를 눈여겨볼 필요가 있다. 세상을 움직이는 중심에 '사람'이 있다는 점을 시사하고 있기 때문이다.

21세기는 급격한 발전을 거듭하면서 그에 대한 반작용도 커지고 있다. 그 중 하나가 기술의 초점이 사람을 향하고 있다는 점이다. 최근 기업에서도 인간의 수명을 연장하고 질병을 막는 바이오산업이 주력사업으로 급부상하고 있고, 인간성 회복을 중요하게 생각하는 다양한 '문화기술산업(Culture Technology)'이 차세대 중점산업으로 채택되기도 했다.

일상생활에서도 이러한 사실은 쉽게 찾을 수 있다. 구체적인 예로 휴대전화를 떠올려보자. 우리나라 휴대전화는 세계 최고 수준이다. 기능 면에서는 어떤 브랜드가 좋다, 나쁘다를 가늠하기가 힘들 정도다. 그러다 보니 휴대전화를 선택할 때 가장 큰 비중을 두는 것이 바로 디자인이다. 디자인은 사람의 상상력을 현실화하는 아날로그 요소를 갖고 있다. 요즘 들어 휴대전화는 디자인이 아날로그 다울수록 잘 팔린다. 옛 수동 카메라를 닮은 휴대전화는 출시 전 성공할지 회의적인 시선이 지배적이었지만 시장에 나오자마자 불티나게 팔리며 히트상품이 됐다. 신기술의 중심에서도 고전의 아날로그가 중심이 되고 있는 것이다.

이처럼 감성과 연결된 아날로그가 기술을 최우선으로 하는 디지털을 움직이는 것은 흔들림 없는 대세이다. 일례로 테이크 아웃의 대명사인 스타벅스는 대부분 회사 근처에 위치해 있고, 편안함과 안락함을 제공하는 공간으로 인식되고 있다. 스트레스와 피로에 지친 직장인들에게 하루에 한번은 들려야 할 것 같은 인테리어 디자인을 앞세워 현대인의 라이프스타일에 어울리는 쉼터를 겨냥한 것이다. 이것은 나이키와 스타벅스의 브랜드 개발에 중요한 역할을 한 스콧 베드버리(Scott Bedbury)의 작품이었다. 그는 세계적인 브랜드란 디지털화할 수 없는 아날로그적 감성과 우리의 삶이 연결되어 있음을 보여주고 있다.

디지털 시대를 살아가는 우리는 결국 아날로그 인간이라는 사실을 인식할 필요가 있다. 이는 성공한 기업 CEO의 경영 마인드 속에서도 찾을 수 있다. 삼성그룹 이건희 회장은 삼성헌법을 통해 진정한 의미의 세계 일류기업으로 성장하기 위해 인간미와 도덕성, 예의범절을 중시하는 기업으로 거듭날 것을 제시한 바 있다. 또한 50년간 연속 흑자를 달성한 일본의 도요타는 디지털 시대를 이끌어가는 새로운 대안으로 종신고용과 인간성 존중의 원칙을 제시하기도 했다. 뿐만 아니라 GE의 잭 웰치는 자신의 책상에 '사람이 우선이다, 전략은 그 다음이다(People First, Strategy Second)'라는 메모를 써붙여 놓았다고 한다. 〈좋은 기업에서 위대한 기업으로(Good to Great)〉의 저자 짐 콜린스 또한 멋진 전략이나 새로운 상품에 대한 아이디어보다 사람이 우선이라는 점을 이 책을 통해 강조하고 있다.

아날로그적인 사고가 중요하다는 것은 일상 속에서도 찾아볼 수 있다. 2005년 광고대상 대상을 받은 생명보험사의 광고에서 보면, 브래지어를 처음 한 수줍은 딸과 든든한 힘이 되어 주는 따뜻한 아버지의 모습 속에 기업 이미지를 표현해 냈다. 이 광고는 일상에서 스치듯 지나가는 삶의 단면을 따뜻한 시각으로 담아냄으로써 많은 시청자들에게 공감을 얻었다. 사람들이 원하는 마음의 종착역을 예리하게 찾아낸 이 광고가 각광받는 것은 아날로그의 따뜻함이 점점 우리에게 강력하게 작용하고 있다는 것을 의미한다.

문화도 마찬가지다. 최근 대중음악, 뮤지컬, 영화 할 것 없이 리메이크 열풍이 뜨겁다. 항상 앞서나가야 한다는 강박관념에 시달렸던 현대인들에게 촌스럽고 지루해도 공감할 수 있는 과거의 문화가 향수가 되어 복고문화로 돌아온 것이다. 패션에서 마케팅까지 과거로 회귀하고 있는 대중문화는, 어쩌면 잃어버린 가치와 원칙을 뒤찾고 싶은 소망의 또 다른 표현인지도 모른다.

이러한 사람 중심의 아날로그는 환경 면에서도 힘을 발휘하고 있다. 지구온난화 방지를 위해 교토협약이 발효된 것이 그 한 예이다. 문명의 비약을 위해, 산업발전에 치중하느라, 수없이 파괴되고 잊혀져 갔던 자연의 소중함을 깨닫고 지키려는 것 또한 아날로그에서 시작된 행동반경이다.

기업은 제품에 인간적인 향기를 담고, 리더는 사람의 향기를 좇을 때 성공할 수 있다. 과거에도 현재에도 그리고 미래에도 변하지 않는 진리는 아날로그가 세상을 움직인다는 점임을 우리 모두 잊지 말자.

Analog Power

'아날로그'는 시대에 뒤떨어진다는 의미가 아닌 '인간적인', '인간다운'의 의미이다.
이 시대는 '감성'의 아날로그가 '기술'의 디지털 시대를 이끌고 있다.

2. 아날로그적 노력이 디지털 시대를 주도한다

벌써 15년 전 일이다. 나는 대학 면접시험에서 합격하면 제일 먼저 하고 싶은 일이 무엇인지에 대한 질문을 받았었다. 그때 나는 불꽃 같은 사랑을 해보고 싶다고 말했다. 점수를 의식하지 않고 나의 속내를 드러냈던 그 대답은 일에 대한 불꽃 같은 사랑으로 10년간 나의 20대를 지배했다. 지금도 그때의 바람은 또 다른 모습으로 이어지고 있다. 사람에 대한 믿음, 세상에 대한 애정의 불꽃으로 말이다. 나는 인간적인 모습으로 다가서고 '사람됨'으로 승부하고 싶다. 그것만이 나를 성공적인 삶으로 이끌어줄 것이라 확신하기 때문이다.

〈타임(Times)〉지를 창간한 것으로 유명한 H.R.루스가 만든 〈포춘(Fortune)〉에서 500대 기업 CEO를 대상으로 실시한 '훌륭한 CEO가

되기 위한 자질 조사'에서 1위는 총체적인 인간성, 2위는 커뮤니케이션 능력이었다. 성공한 리더들을 대상으로 이와 비슷한 조사가 컬럼비아대학에서도 있었다. 조사 결과 CEO 성공의 조건은 원만한 인간 관계와 공감능력이라고 답한 사람은 86%였고, 기술과 능력이라고 답한 사람은 15%에 불과했다.

결론적으로 성공한 리더는 자신의 비전을 공유하는 '인간적인' 노력이 있어야 한다. 그 비전을 얼마나 오랫동안 고수하고 전파하느냐가 성공의 관건이 되는 것이다.

세상을 풍요롭게 만드는 성공 브랜드를 살펴보면 공통점이 있다. 바로 인간적인 향기를 입힌 지극히 인간 중심적인 마케팅을 펼쳐나가고 있다는 점이다. 그 이유는 간단하다. '사람'이 중심이 될 때 '사람'을 얻을 수 있기 때문이다.

코카콜라와 나이키, 시스코 등 세계 굴지의 기업들이 모인 2002년 스탠포드 브랜드학술회의에서 발표된 '브랜드의 일관성과 위상 조사'에서 재미있는 사실을 발견한 적이 있다. 당시 소비자의 신뢰로 귀결되는 일관성 부분에서는 디즈니가 100점 만점을 받았고, 롤스로이스가 99점, 소니가 97점으로 뒤를 이었다. 모두 긴 역사를 자랑하고 있고, 오랜 세월 동안 창업 당시의 디자인과 원칙이 훼손되지 않았다. 그리고 사람의 손으로 완성되는 무언가가 있다. 섬세한 만화예술을 고집하는 디즈니, 손으로 할 수 있는 기계예술의 극치를 보여주는 롤스로이스, 디지털로 달라지는 세상을 손에 쥐게 하는 소니의 제품 전략이 그것이다. 디즈니, 롤스로이스, 소니의 이러한 전략과 고집은 건조한 디지털 시대를 살아가는 우리에게 촉촉한 사람의 향기로 신뢰를 주고 있다. 장인정신으로 인간적인 터치와 감성을 전하는 아날로그적인 노력이 첨단의 디지털 시대를 주도하고 있는 것이다.

한편 '브랜드 위상에 대한 조사'에서는 코카콜라, 펩시, 아디다스 순이었다. 이 순위는 안정감과 희망의 메시지를 얼마나 성공적으로 전달했느냐로 판가름난다. 특히 1위 코카콜라는 전 세계를 대상으로 하는 다국적 기업이지만, 사업의 다각화 없이 외길을 걸어온 기업으로 인지도를 극대화함으로써 안정감을 주었다는 평가를 받았다.

또 하나 재미있는 사실은 이들 모두가 스포츠 마케팅에 집중하고 있다는 사실이다. 인위적인 디지털 게임이 성행하고 있는 이 시대에 사람이 만들어 내는 가장 감동적인 드라마는 스포츠밖에 없다. 스포츠 마케팅이 다국적 기업의 마케팅 전략으로 각광받는 것은 절망 속에서 희망을 전파할 수 있는 가장 극적인 매개체가 되기 때문이다. 세계적인 기업의 성공요소에서도 알 수 있듯이 디지털을 주도하는 것은 아날로그적인 노력이 수반될 때 가능하다.

인간다운 원칙 그대로 좌절 속에서도 의지를 갖고 희망을 퍼뜨려야 한다는 결론은 CEO들의 마인드 곳곳에서도 나타난다. 평범한 회사원에서 27년 만에 닛산의 CEO 자리까지 오른 카를로스 곤은

1999년, CEO로서 칼날 위에 서는 선택의 기로에 있었다. 당시 그는 경쟁사인 도요타보다 닛산이 시장에 저가로 나올 수밖에 없는 이유를 브랜드 가치가 떨어지기 때문이라고 분석했다. 그래서 브랜드 파워를 키우는 전략기획팀을 회생의 로드맵으로 제시했다. 그리고 침체된 사내 분위기를 일으켜 세우는 희망의 불씨를 전파해 나갔다. 목표가 달성되지 않으면 자신을 포함한 임원들이 총사퇴하겠다는 배수의 진을 치고, 자신의 비전에 공감하는 역량 있는 임직원들에게 강력한 권한을 부여하면서 일을 추진해 나갔다. 그 결과 닛산은 불과 1년 만에 흑자로 전환해 위기에서 탈출했다.

디지털 시대를 주도하는 CEO의 아날로그적인 노력은 국내 기업에서도 찾아볼 수 있다. 유한양행 창업자인 유일한 선생은 모범적인 기업가로 유명하다. 그는 좋은 상품을 만들어 국가에 봉사하고, 기업의 이윤을 키워 일자리를 늘렸으며, 정직하게 납세하는 것을 기업의 목표로 삼았다. 그가 세상을 떠난 지 30년이 지났는데도 많은 기업이 그를 이 시대의 진정한 기업인으로 기억하고 벤치마킹하는 이유는 부를 늘릴 편법의 유혹과 돈에 대한 맹목적인 추종이 따라다니는 기업환경에서 평범하지만 실천하기 어려운 청렴과 정직의 원칙을 평생 동안 고수했기 때문이다. 이처럼 행동이 마케팅이고 마케팅이 현실이었던 기업가에게서 우리는 희망을 본다.

지도자로 선발되는 사람들에 대한 연구 결과에 의하면, 원만한 인간 관계를 갖는 사람이 지도자가 되는 비율이 압도적으로 높고,

불안한 상황에서도 잘 견디는 스트레스 내성을 보여준다고 한다. 안정감과 희망이 자신의 브랜드가 될 때 성공한 리더가 될 수 있다는 의미이다. 기업의 성공, 성공한 기업의 CEO의 성공전략에서 알 수 있듯이 아날로그적 노력이 디지털 시대를 주도하는 성공의 기반이 된다. 희망보다는 절망을, 안정감보다는 불안한 세태를 다룰 수밖에 없는 직업이 기자이자 앵커이다. 일련의 취재와 진행은 세상에 대한 애정이 없으면 중심을 잃고 독성을 내뿜는 일이 될 수도 있다. 그래서 나는 더더욱 아날로그적 원칙을 고수한다. 어둠 속에서 빛을 찾을 수 있는, 희망을 주는 뉴스야말로 불안정하고 각박한 디지털 시대를 살아가고 있는 우리에게 필요한 영혼의 쉼터라고 생각하기 때문이다.

Analog Power

아날로그적 노력이 디지털 시대를 주도한다. 성공한 리더가 되려면 자신의 비전을 나누고 공유할 줄 아는 '인간' 중심의 아날로그 가치를 깨달아야 한다. 그 비전을 얼마나 오랫동안 고수하고 전파하느냐가 디지털 시대에 성공의 관건이 될 것이다.

3. 디지털 시대는 아날로그 인재를 원한다

21세기 기업의 화두는 우수인재 발굴이다. 그 중에서도 기술과 능력을 중시하는 최첨단 벤처회사들이 인재선별 기준에 책임감, 리더십, 적성 등 아날로그적 가치를 최우선에 두고 있다는 점을 눈여겨볼 필요가 있다. 과거에는 학력이나 성적을 우선으로 평가했지만 요즘은 기업의 성향에 맞는 인재를 원하고 있다. 한마디로 최고보다는 최적의 인재를 찾고 있는 것이다.

이러한 현상이 나타나는 것은 학창시절 공부 잘했던 사람이 뛰어난 지적능력으로 잘할진 모르지만 자신의 능력을 과신해 조직문화를 눈 아래로 보거나, 자신의 욕심에 따라 중도에 이직을 할 수 있다는 우려에서 나온 결과이다. 또한 자신의 적성이나 능력에 관계없이 일단 붙고 보자는 심산으로 응시하는 직원을 선별해 내기 위한 방법이기도 하다.

특히 최근에는 평생직장이라는 개념이 사라지면서 한 직장에 오래 근무하지 않고 새로운 곳을 찾아나서는 '잡 노마드(Job Nomad)'라는 말까지 생겼다. 그러다 보니 각 기업의 인사담당자들은 취업준비생이 원하는 것이 무엇인지, 앞으로 기업문화에 잘 적응할 것인지 등에 대해 살펴보지 않을 수 없게 되었다. 그 어느 때보다 아날로그적 가치인 직업에 대한 적성, 경력의 일관성, 말과 행동의 일치 여부가 중요해졌다. 이러한 작업은 아날로그 매뉴얼에 적합한 인재 찾기라고 해도 무방하다. 목적을 위해 자신을 포장하는 기교는 몇 가지 질문과 표정만으로도 금세 파악할 수 있다. 현재 기업들이 단순한 기술이나 능력보다는 인성검사와 역량 중심의 면접에 치중하는 이유가 바로 여기에 있다.

유학시절 스탠포드에서 만난 실리콘밸리 관계자들은 면접을 볼 때 과거 직무와 관련된 인턴십 프로그램 참여 여부와 학교 내에서 리더 역할을 맡은 경험이 있는지를 중요시한다고 했다. 나 역시 얼마 전 기자시험 면접과정 심사를 할 때 어학연수보다는 사회봉사활동 여부에 따라 가중치를 부여했다. 하루 12시간을 공부해도 흡족하지 않은 취업준비 과정을 경험하지 못한 것은 아니다. 그렇지만 기자라는 직업은 약자의 목소리에 귀를 기울일 줄 아는 사람이, 실전에서 제 역량을 발휘할 수 있을 것이라는 생각 때문이었다. 다분히 기자다운 채점 기준이었고 기자의 존재 이유에 공감하는 후보자를 가려내는 아날로그 원칙에 충실한 판단이었다.

최첨단 디지털 기술을 필요로 하는 기업에서도 같은 실력이라면 책임감 있고 업무의 고유성에 적합한 아날로그적인 인재에게 점수를 높게 줄 것이다. 아날로그 덕목으로 정신을 무장하고 실천하는 전략은 디지털 시대가 필요로 하는 성공코드이다.

우수한 인재를 발굴 육성하는 것은 훌륭한 리더 키우기로 연결된다. 기업의 성공과 활력에 리더만큼 큰 영향력을 미치는 사람은 없다. 그래서일까. 그들의 '아날로그적 생체리듬 따르기'가 최근 디지털을 주도하는 IT업계의 화두이다. 현대 사회는 눈에 보이는 경영실적도 중요하지만, CEO의 생활패턴이 업무 효율성을 가늠하는 잣대가 되고 있다. 그들의 라이프사이클을 들여다보면 주변 정보를 통해, 업무 성과 외에도 그와 회사의 이미지 그리고 공식화하지 않은 숨은 정보들을 알 수 있기 때문이다. 이렇게 파악된 CEO의 생활패턴 정보는 궁극적으로 그 회사의 투자를 결정짓게 하는 중요한 요인이 된다.

이러한 결론은 미국 실리콘밸리의 CEO컨설팅 기법을 통해 이미 증명된 바 있다. 벤처의 산실인 실리콘밸리는 창의성과 효율성을 최대한 살리기 위해 직원들의 자율적인 업무패턴을 존중한다. 그러나 CEO의 출근시간, 업무행태 등의 생활패턴은 엄격한 기준으로 점수화되고 있다. CEO의 일거수일투족이 투자자에 의해 철저하게 분석

되어 업무성과와 연관되어 평가받고 있는 것이다.

이들은 CEO의 생활패턴을 분석하기 위해 시카고대학 등 MBA 출신 컨설턴트들이 작성한 'CEO 생활패턴 분석틀'을 사용하고 있다. 이것은 NASA의 인체공학 연구를 기초로 CEO의 생활습관과 버릇, 일상생활, 동선을 분석해 해당 회사의 실적과 업무효율성을 간접적으로 평가하는 잣대로 활용된다.

이러한 분석의 틀은 면밀하고 세심한 부분까지 체크하도록 되어 있다. 그 중 몇 가지만 살펴보면 다음과 같다. 사무실 조명이 업무에 영향을 미칠 수 있으므로 CEO의 책상과 응접용 소파, 방의 전체적인 조도를 측정하여 적정한지 분석한다. 이와 함께 사무실 내에서의 생활패턴 관찰 포인트로 특히 차를 마시는 시각에 주목한다. 영국에서 유행하는 '잉글리시 티타임(English Tea Time)', 즉 오후 4시가 하루 중 각종 차의 독성이 몸 안에 가장 적게 흡수될 때라는 연구 결과에 따른 것이다. 이것은 심리적 이완과 휴식의 극대화를 꾀할 수 있는지 평가하기 위한 항목이다.

이 밖에도 사무실 밖에서의 레저나 취미활동도 체크한다. 하루에 필요한 빛의 양 중 인체에 해로운 직사광선이 가장 덜 미칠 때가 오전 6시에서 8시 사이라는 분석 결과가 있다. 이에 따라 조깅과 마라톤 등 CEO의 야외운동이 이 시각에 맞춰져 있을 때 주로 우호적인 평가를 받는다. 한편 동일시간 내 최고의 운동효과를 낼 수 있는 종목으로는 수영이 꼽혔다. 음식의 경우는 아침은 고기와 같은 단백질 위주의 식단을 짤 때 업무 추진에 속도가 붙고, 저녁은 스파게티, 곡류 등 탄수화물을 섭취해야 다음날 아침 몸이 가벼워지는 것으로 밝혀졌다. CEO들의 식단까지 업무의 집중력을 좌우하는지 철저한 측정대상이 된 셈이다. CEO의 건강과 습관이 리더로서의 판단력과 순발력을 좌우한다는 벤처캐피털리스트의 접근방식은 마치 엑스레이 사진을 찍듯이 대상을 철저하게 분석하고 해부한다. 투자대상의 속살을 들여다보는 치밀함이 엿보인다.

우수 인재를 채용하고자 하는 기업의 채용방식이나 세계에서 손꼽히는 실리콘밸리의 CEO의 생활패턴 분석은 인재를 찾아내고 육성해 기업의 꽃을 활짝 피우기 위한 작업이다. 이러한 작업은 책임감, 적성, 지구력 등 아날로그 원칙이 행동으로 빛을 발할 때 이루어질 수 있다. 디지털 시대는 아날로그 인재를 원하고 있는 것이다.

Analog Power

책임감, 적성, 지구력 등의 아날로그로 무장된 사람이야말로 디지털 시대가 필요로 하는 인재이다. 자신의 '아날로그 생체리듬'을 일에도 적용하라.

4. 고전에 담긴 아날로그의 파워

고전이 주는 향기에는 깊이가 있다. 그것은 오랜 시간을 거치면서 사람들의 추억을 담아내기 때문인지도 모른다. 디지털 시대를 살아가면서도 우리는 복고의 바람에 익숙하다. 2005년 '광식이 동생 광태'에서 주인공 광식이가 사랑했던 여자의 결혼식에서 80년대 히트곡인 '세월이 가면'을 부르는 장면처럼 말이다. 최근 개봉된 한국영화를 보면 대부분 1970년대나 1980년대에 유행하던 노래가 배경음악으로 사용되거나 주인공이 옛 유행가를 부르는 모습으로 한 장면씩은 꼭 등장한다. 이처럼 한 시대를 풍미했던 옛 가요를 벽장에서 꺼내 먼지를 털어 편곡한 리메이크 바람이 거세다. 리메이크한 곡들은 지나간 가요를 시대에 맞게 재해석하는 시각과 기교는 돋보이지만, 인기가 검증된 고전에 편승하는 무임승차처럼 느껴지기도 한다.

가요 외에 다른 종류의 음악도 영화와 연극 등에서 새로운 버전으로 재탄생하고 있다. 메탈에 지친 사람들이 전통의 음을 그리워하는 것은 금속성의 문명에서 원초적 감성의 고향을 찾는 반작용이다. 번잡함이 많은 디지털 시대에 편안함과 심리적인 안정을 주는 과거의 음악이 마음의 안식처 역할을 하고 있는 것이다. 한마디로 아날로그적 휴식인 셈이다.

특히 클래식 음악은 여러 용도로 애용된다. 모차르트의 곡은 심리 치료사들이 정신을 맑게 해주는 음악으로 쓰기도 한다. 또한 상당수의 CEO들이 최고의 리더십을 발휘할 수 있는 효과적인 방법으로 클래식 음악을 듣는 것을 추천했다. 검증된 것은 아니지만 클래식 음악을 들으면 스트레스가 풀리고 정신을 맑게 해주는 효과가 있어 일에 대한 집중력이 배가된다고 한다.

이러한 사실은 세계적인 리더들의 취미를 봐도 알 수 있다. 전 연방준비제도이사회 의장 앨런 그리스펀(Alan Greenspan)은 음악대학 출신이다. 금리인상 등의 이슈로 그를 둘러싼 논란이 격화될 때, 그가 탁월한 재즈연주가라는 사실은 각을 세우던 논의를 희석시키는 역할을 했다. 또한 콘돌리자 라이스 미 국무장관은 2002년 세계적인 첼리스트 요요마와 협연할 정도로 실력을 겸비한 피아니스트이다. 클린턴의 경우에도 색소폰 연주가 정치적 이슈 속에서 유권자들의 정서를 자극시켜 무더기 표로 이어지게 하기도 했다.

한편 고전에는 시대를 꿰뚫는 날카로운 진리가 있다. 강금실 전 법무부 장관은 전형적으로 노래와 무용, 독서와 영화의 고전을 아끼는 사람이다. 법무장관으로 법무개혁을 총괄하는 빡빡한 자리에 있었지만 개인적으로는 인생을 즐기고, 구속되는 것을 싫어하는 자유주의자의 면모를 지니고 있었다. 그런 그녀는 변호사 시절 프란츠 카프카의 〈심판〉과 구로사와 아키라 감독의 '라쇼몽'을 거울로 삼았다고 한다. 특히 '라쇼몽'에서 한 사람의 비극적인 일생을 놓고 세 사람의 목격담이 모두 다른 것을 본 후 판사와 검사, 변호사가 한 가지 사안을 보는 시선이 다를 수 있음을 인정하게 되었다고 말한 적이 있다.

주연과 조연, 악당과 선인, 카메라 감독과 감독 등 다양한 입장과 시선에서 보면 영화가 전혀 달라진다. 어떤 시각에서 보느냐에 따라 풍부한 해석이 가능한 예술이 고전 영화다. 시간이 지나도 변함없이 대중의 고개를 끄덕이게 만드는 정통의 경쟁력. 이것은 아날로그가 의미하는 것과도 상통한다. 역사가 담긴 책과 영화 속에는 현재를 분석하고 미래를 예측하게 하는 경험과 지혜가 있다.

혁신의 속도가 빨라지고 변화의 폭이 넓어질수록 세상을 좇아가는 데에 급급하기 쉽다. 또한 사물을 보는 시각이 단편적이고 편협해질 수 있다. 이러한 문제점을 해결해 줄 수 있는 것이 바로 역사다. 역사 공부는 디지털 시대를 살아가는 우리에게 단단한 돛이 되고 나침반이 되어 준다. 이는 CEO들의 전공만 살펴보아도 확인할 수 있다.

미국을 대표하는 기업들의 CEO 중에선 인문학과 철학을 전공한 사람이 의외로 많다. 전 HP CEO 칼리 피요리나는 스탠포드대학에서 중세역사와 철학을 전공했고 노키아의 CEO 요르마 올릴라는 헬싱키대학에서 정치역사를 전공한 수재였으며, 소니의 CEO 하워드 스트링거(Howard Stringer)는 옥스포드대학에서 현대사로 학사와 석사학위를 받았다. 인문역사에 관한 한 전문가 수준인 삼성전자 윤종용 부사장도 세계의 첨단 디지털을 이끄는 삼성의 미래 해법을 과거 역사의 흐름에서 찾고 있다고 밝힌 바 있다. 전자공학을 전공한 이공계 출신이지만 그의 미술사와 음악사에 대한 식견은 익히 명성을 떨치고 있다. 특히 15세기 피렌체양식에서 18세기 바로크양식, 20세기 현대건축에 대한 이야기에 접어들 때면 마치 강의를 듣는 듯한 착각에 빠지게 된다고 한다. 이기태 삼성전자 정보통신 총괄사장 역시 첨단 전자산업의 사업 구상을 위해 〈손자병법〉과 〈삼국지〉 등을 가까이 두고 틈틈이 펼쳐보는 것으로 알려져 있다. 최첨단 디지털 산업을 이끄는 그들의 경력과 취미생활에 아날로그적인 정서, 고전이 뒷받침하고 있다는 사실은 우연치고는 시사하는 점이 많다.

우리는 살아온 날들을 배제하고 살아갈 날들을 논할 수 없다. 어떤 추억을 갖고 있는지, 무엇을 느끼고 배웠는지에 따라 그 사람의 미래가 결정된다. 세계를 움직이는 성공한 리더들의 삶에서 알 수 있듯이 고전에 대한 향수는 향수로 그치지 않는다. 고전에 담긴 철학은 디지털 시대에 그들을 차별화해 줄 깊이와 아이디어를 제공하고 있었다. 이것은 아날로그적인 자세가 일에는 창의성으로, 삶에는 풍요로움으로 작용한다는 확신을 주는 예이기도 하다. 아날로그적인 삶은 나의 미래를 풍성하게 만들어 주는 확실한 성공 키워드인 것이다.

Analog Power

디지털 시대 성공리더는 아날로그 소유자였다. 역사와 고전을 중시하는 아날로그적인 삶의 방식이 그들의 경영 아이디어와 성공 노하우가 되었다. 고전 속에서 아날로그 감성을 익혀라. 당신의 차별화된 경쟁력이 될 것이다.

5. 통계를 무시하면 잠재력이 보인다

0과 1 비트의 조합으로 사람의 능력이나 정보가 숫자로 규정되는 디지털 시대에는 숫자에 대한 믿음이 고정된 관념과 편견의 벽을 쌓게 한다. 숫자로 표현하기 어려운 잠재력과 데이터베이스의 예측을 뛰어넘는 플러스 알파의 능력이 손쉽게 무시될 수 있기 때문이다. 따라서 내게 찾아온 기회를 놓치지 않기 위해서는 자신을 규정짓는 통계의 허울을 깨뜨려야 한다.

실리콘밸리의 창시자로 불리는 터먼 교수는 1937년 스탠포드대 전기공학과 학과장으로 취임하면서 학생들에게 벤처기업의 창업을 권장했다. 터먼 교수의 제자인 휴렛과 팩커드는 1938년 스탠포드 인근의 애디슨로드가에 있던 팩커드의 차고에서 IT 벤처사업을 시작했다. 조그만 주택 차고에서 세계를 움직이는 IT 기업이 시작되리라고는 아무도 상상하지 못했을 것이다. 꼭 시설을 갖춘 큰 사무실에서 대규모 자금을 투자하며 시작한다고 해서 성공하는 것은 아니다. 그들은 숫자의 허울 좋은 명목보다 작더라도 내실있는 출발을 택했다. 작은 차고에서 시작한 HP는 음향 테스트 장비인 오실레이터를 첫 제품으로 선보인 이후 잉크젯 프린터, PC, PDA, 서버 등을 내놓으며 지금까지 세계를 호령하는 IT 업계 강자자리를 고수하고 있다. HP가 성공할 수 있었던 것은 시작이 그럴 듯해야 한다는 주위의 시선에 아랑곳하지 않고 고정관념을 깨는 사고의 전환으로 가능했던 것이다.

HP뿐만 아니라 세계적인 기업 중에는 사고의 전환으로 아이템을 완전히 뒤엎어 성공한 경우가 적지 않다. 휴대전화로 유명한 핀란드의 노키아는 1865년 설립 당시 펄프제지업체였고, 미국의 대표적인 깡통제조업체 아메리칸캔은 현재 프리메리카라는 금융회사로 성공을 거듭하고 있다.

사고의 전환이 가져다주는 잠재력은 역사 속에도 존재한다. 징기즈칸이 오늘날 우즈베키스탄에 해당하는 호라즘 제국의 부하라와 사마르칸트를 점령할 때 사용한 기병전술을 보면 알 수 있다. 몽골 초원에서 부하라까지 3천5백㎞를 달리려면 최소한 1년은 넘게 걸릴 터였다. 예비병력으로 대규모의 말을 끌기에는 시간과 비용이 만만치 않았다. 그러자 징기즈칸은 유라시아의 초원과 사막, 강가 등에

40~50㎞마다 역참을 만들었다. 그리고 5㎞마다 파발을 두어 새 말을 24시간 대기시켜 놓음으로써 힘 있는 말로 갈아탈 수 있도록 했다. 이렇게 사고의 전환을 통해 고정관념을 깬 징기스칸의 병술은 지리적 한계를 극복하게 했고, 결국 사마르칸트 정복에 결정적인 기여를 했던 것이다.

인도 경전에 이런 말이 있다.

저 바다 건너 육지로 가야 하는데 끊어진 물길에 고민하는 물에게 하늘이 이렇게 말했다. '너를 수증기로 만든 뒤 건너편에 비로 내리리라.' 물에 대한 상식과 고정관념은 수증기로의 변신을 예측하기 어렵게 한다.

나는 통계를 뛰어넘는 의지와 결단이 어떻게 난제를 해결할 수 있는지 취재를 통해 터득할 수 있었다. 살면서 난관에 부딪칠 때는 끊임없이 가능성을 넓혀가는 작업이 필요하다. 기호를 한 곳에 맞추는 집중력과 남들보다 더 깊은 지식을 얻기 위한 노력이 이어지면 차별화에 성공할 수 있다.

2003년 3월 이라크 전쟁이 터졌다. 바그다드 상공을 잡고 있는 CNN 화면을 보면서 과연 전쟁이 시작된 것인지, 화면에 전쟁 시작을 알리는 자막을 내보내야 하는지 정확한 판단이 필요했다. 당시 방송국 곳곳에서는 1분 1초를 다투는 긴장감이 흘렀다. 한번 주도권을 놓치면 방송 속보전에서 뒤처질 수 있는 순간이었다. 그런데 갑자기 화면을 뒤덮은 대공화기의 발사음과 폭발음 속에 현지 기자의 말소리가 들리기 시작했다. 나는 CNN 뉴스가 들리는 이어폰을 잡았다. 그리고 곧 "전쟁이 시작됐어요. 자막 올리세요. 대공포를 쏘는 건 F-117 스텔스전폭기 때문이에요"라고 상황을 전했다.

전쟁 발발 속보는 공중파 방송 중에서 가장 먼저 전파를 탔다. 그 후 나는 이라크전 발발에서부터 바그다드가 함락되기까지 병참과 공격전술, 전쟁 전개 설명을 전담하게 됐다. CIA와 특수부대의 작전으로 터를 다진 이라크에서 일어나고 있는 미 공군과 해군의 공중사격, 육군의 본격적인 지상전은 이미 내겐 익숙한 분야였다. 당시로부터 1년 6개월 전에 일어났던 아프가니스탄 전쟁의 상황이 다시 재연되고 있었기 때문이다. 그래서 남들보다 빨리 상황을 알아챌 수 있었다. 이와 비슷한 상황이 또 한번 더 있었다. 2002년 워싱턴 임시 특파원으로 있을 때였다. 9.11테러에 맞선 미국의 아프가니스탄 보복공격 시점을 놓고 언론사들의 경쟁이 치열해지고 있던 때였다. 테러가 난 지 며칠도 안 돼 아프칸 전쟁 임박이라고 미리 선수를 치는 기사가 있는가 하면, 미군들의 통상 정보수집활동을 특수전이라고 보도하는 등 과장된 거품기사가 나돌았다. 기사의 중심 잡기가 필요했지만 정작 공격시점을 놓치면 뒷북을 치는 일명 '낙종'의 낙인이 찍힐 수도 있는 상황이었다.

그러던 중 10월 6일 토요일, 부시 대통령이 일정을 앞당겨 워싱턴으로 돌아왔다. 탈레반의 인질석방 요구를 거절하고, 시한이 다됐다고 최후 통첩성 경고를 한 지 하루도 지나지 않은 시점이었다. 평소

같으면 캠프데이비드에 머물 주말에 백악관으로 귀임하는 것이 심상치 않았다. 심지어 다음날 오전 생방송되는 미국 지상파 방송 대담 프로그램에 미국 외교 군사 고위관계자가 일제히 출연을 거부하는 일까지 벌어졌다. 자신의 위세를 과시하기 위해 앞다퉈 TV에 얼굴을 들이밀던 그동안의 관례에 비춰보면 상당히 이례적인 일이었다. 어쨌든 전쟁 지시를 내리는 주요인사인 대통령, 국방장관, 국무장관, 참모총장 등이 모두 한날 한시에 제자리를 지키고 있다는 것은 분명한 암시였다.

징후는 여기서 그치지 않았다. 방송사 앵커들의 클로징 멘트 또한 묘한 뉘앙스를 풍겼다. 주 5일만 근무하고 주말은 방송진행을 하지 않는 앵커들이 뉴스를 마치면서 의미심장한 말을 던진 것이다. 평소 별 말없이 뉴스를 끝내는 NBC 나이트라인의 앵커 톰 브로커마저 '다음주 월요일에 뵙겠습니다. 그 사이 무슨 일이 터지지 않는다면 말입니다.'라고 마무리했다. 또한 아프가니스탄 일기예보에서는 주말은 달이 보일 정도로 맑은 날씨가 될 것이며, 다음주에는 날씨가 좋지 않을 것이라고 전망했다. 이와 함께 국제기구 관계자들로부터 원래 공격과 동시에 이뤄지는 난민 식량 공급이 시작된다는 말도 흘러나오고 있었다.

분명히 공격은 임박해 있었다. 당시 취재를 진두지휘했던 신경민 선배와 회사에 경보를 울렸다. 그리고 '전쟁임박, 공격개시 시점은 한국 시각 7일 밤, 8일 새벽'이 될 수 있다고 급전을 날렸다. 회사를 비상사태로 만들어 놓은 지 8시간 뒤, 부시 대통령의 공격개시 선언이 미국 전역에 생중계됐다. 공격시기를 예측하고 미리 아이템을 준비해 전쟁 발발에 대비한 방송 시나리오를 짜놓은 덕에 회사의 보도는 중량감 있게 타사를 압도할 수 있었다.

그런데 나중에 알게 된 사실이지만 한국 기자만 분주하게 뛰었지, 미국의 언론들은 전쟁개시 시점을 진작부터 알고 있었다. 사전에 백악관 언론담당자가 출입기자들을 불러 정확한 공격시점을 통보해 준 뒤 일정시점까지 보도를 하지 않을 것을 요청했던 것이다. 철저한 비밀의 연대가 이뤄졌고 치밀하고 은밀하게 대통령의 생방송 중계 준비가 착착 진행되고 있었다. 앵커들은 국가 이익을 위해 직접적으로 말은 못하지만 시청자들에게 알릴 수 있는 최선의 방법을 다 동원했던 셈이다.

전쟁은 시작됐고 나는 그 사이 병법에 대한 공부에 집중했다. 아프가니스탄의 험한 지형에 효과적인 AC-130 공격기와 MH-53 헬리콥터 등 특수부대용 병기, 그리고 철근과 콘크리트를 뚫고 지하기지를 끝까지 추적해 파괴하는 폭탄 벙커버스터까지, 비밀병기에 대해 군 전문서적과 병법책을 뒤져가며 면밀히 살펴봤다. 그 밖에도 전쟁이론과 전략, 인력운용까지 전쟁의 교과서격인 〈손자병법〉과 클라우제비츠의 〈전쟁론〉도 탐독했다.

나는 군대 근처에 가보지도 않았지만 두 번의 전쟁을 거치며 병법 공부에 매달린 덕에 제대로 된 전쟁 분석을 할 수 있었다. 특히 여성 기자가 전쟁 분석을 한다는 것 자체가 눈에 두드러지는 효과를 냈다. 남들이 할 수 없는 것이 아닌 남들이 하지 않는 일로 나만의 차별화를 만들어 낸 것이다. 이것은 남들이 보지 않는 곳을 바라본 사고의 전환으로 가능한 일이었다.

사람이든 기업이든 보이지 않는 2%의 잠재력을 찾아내는 아날로그적인 노력이 성공을 결정짓는다는 것을 기억하자.

Analog Power

디지털적인 통계를 무시하고 아날로그적인 잠재력을 발견하라. 숫자로 표현하기 어려운 세부적인 능력과 데이터베이스를 뛰어넘는 가능성을 보여주자. 규정짓기를 거부하는 질적인 변신은 아날로그적인 노력과 근성이 뒷받침될 때 가능하다.

6. 직선보다 곡선의 삶이 아름답다

사람들은 성공하고 싶어한다. 하지만 정말 성공하고 싶다면 우선 진정한 성공의 의미를 되짚어 볼 필요가 있다. 부와 명예를 얻는 것 혹은 당장 남들의 주목을 받는 일을 하는 것도 중요하지만 우리가 사는 동안의 긴 여정을 생각하면 얘기는 달라진다. 돈이 많으면 돈이 샐까 봐 불안하고, 높은 위치에 있으면 아래로 떨어질지 모른다는 생각에 조급증이 나서 견딜 수가 없다. 어쩌면 삶의 진정한 성공은 이러한 굴레를 벗어던질 수 있는 것에서부터 시작되는 것은 아닐까.

우리는 대부분 강자에게 약하고, 약자에게 강하다. 강자에게 약하고 약한 자에게 강하면 그 순간에는 자신이 의도한 대로 일이 순조롭게 풀리는 것처럼 보인다. 하지만 그 달콤함은 그리 오래 가지 못한다. 직장생활에서도 마찬가지다. 언젠가는 반드시 자신에게 돌아오는 인과응보의 험악한 부메랑을 맞는다. 얄팍한 처세는 금세 바닥이 드러나기 때문이다.

아날로그 마인드는 인간 관계에도 적용된다. 당장 손해를 보더라도 마지막에 좋은 결과를 얻는 긴 호흡을 쉴 수 있으려면 말이다. 인간 관계에 있어서 가장 우선시 되는 것은 강자에게 강하고 약자에게 약해지는 것이다.

이를 위해서는 먼저 윗사람보다는 아랫사람에게 관심을 갖고 그들의 이야기를 들어 주어야 한다. 아랫사람을 배려하는 마음을 보여주면 굳이 질책하지 않아도 자연스럽게 변화하며 내 사람이 된다. 윗사람은 필요에 의해 나를 쓰지만, 아랫사람은 한번 맺은 의리로 지속되는 경우가 많기 때문이다.

특히 남들의 눈에 띄지 않으면서 궂은일을 마다하지 않는 사람에게는 조건 없이 베풀고 친절하게 대해야 한다. 그들은 작은 일도 소중하게 생각하며 삶에 감사하는 법을 아는 사람들이다. 고마움을 표하는 표정 하나, 짧은 인사말 한마디가 그들에게는 활력소가 될 수 있다.

조직은 능력 외에 다른 사람의 잠재력을 발휘할 수 있게 도와주는 사려 깊은 인재를 원한다. 상류에서 물을 타고 내려온 나뭇잎이 나뭇가지에 걸려 더 이상 내려갈 수 없을 때, 그 가지를 치워주는 것은 간단한 일이지만 나뭇잎에게는 기적처럼 숨이 트이는 사건이 된다. 작은 배려가 큰 인연을 만든다. 스스로를 낮추고 남을 배려하는 마음가짐은 도미노처럼 언젠가는 내 숨도 트이게 해준다는 사실을 잊지 말아야 한다. 내가 습관처럼 베푸는 작은 정성은, 바람을 타고 입에서 입으로 전해져 자신을 윤기있는 사람으로 보이게 하는 통로가 되어 줄 것이다.

사회생활을 하면서 오고가는 선물이나 돈은 마치 지구상의 자기장처럼 반대 성질만 찾아가는 경향이 있다. 예를 들면 100만 원이 넘는 접대용 술값은 아무렇지도 않게 내면서 식당에서 힘들게 일하는 아주머니에게 단돈 몇천 원의 봉사료 주는 것을 아까워하는 사람처럼 말이다. 현재의 안전을 위해 셈법은 분주해진다. 하지만 잊지 말자. 잇속에 대한 계산 없이 작은 배려를 쌓아가는 것은 내가 힘든 고비에 처해 있을 때 분명 수호천사가 되어 줄 것이다.

열심히 조직생활을 하다 보면 어느 정도 사람들이 우러러보는 위치에 서게 된다. 높은 곳에 오를수록 세상은 작아 보이게 마련이다. 그럴 때일수록 초심을 잃지 않는 것이 중요하다. 이때는 받은 만큼이 아니라 있는 만큼 나눠 주고 비우는 것으로 기쁨을 찾아야 한다.

나는 영화배우 안성기 씨와 함께 2004년 대검찰청 명예검사가 됐다. 국민들에게 어렵고 멀게 느껴지는 검사 이미지를 탈피해 국민과 눈높이를 맞추자는 의도로 처음 시도된 것이었다. 1년 동안 내가 주로 했던 활동은 사회봉사다. 임명장을 받은 이후 대검찰청에 간 적은 한번도 없다. 대신 영등포 노상식당에서 노숙자들과 형편이 어려운 독거노인들에게 급식봉사를 했다. 보통 사진촬영을 위해 명예검사들은 별 힘들이지 않는 전면에 서는 게 대부분이다. 그러나 안성기 씨나 나는 그런 생색용 겉치레와는 거리가 멀었다. 우리는 주위의 시선을 의식하지 않고 기분 좋게 봉사활동을 했다. 나는 200여 명의 식판을 닦는 설거지를 하고, 안성기 씨는 무거운 식판을 들고 분주히 뛰어다녔다. 대학교 시절에도 일주일에 두 번씩 지체장애우들을 찾아가 식사를 도와주고 함께 놀아주는 서클활동을 했었기 때문에 그리 어렵지는 않았다. 다만 그런 모습이 사람들에게 보도되기 위한 이벤트로 비춰질까 봐 보도자료가 나가는 것도 가급적 피했다.

그렇게 보낸 1년 동안 값진 소득도 많았다. 낯선 사람들의 출현에 경계하던 노숙자나 독거노인들의 눈빛이 시간이 지날수록, 만남의 횟수가 잦아질수록 부드러워졌다. 봉사활동은 그동안 내가 사회에서 받은 과분한 시선과 언론인의 지위에서 자족하며 누렸던 호사를 되돌아보는 계기가 됐다. 그리고 이와 함께 또 하나의 깨달음이 있었다. 안성기 씨를 통해서였다.

아름다운 가게에서 검찰청 직원들이 기부한 물건을 파는 행사가 열렸던 날의 일이다. 안성기 씨와 나는 고객들이 오기 전에 가게를 정리하고 물건을 진열하고 있었다. 그런데 어느 물건에 적힌 기부자의 이름이 눈에 들어왔다. 다름 아닌 안성기 씨였다. 명예검사가 되기 몇 년 전부터 기부해 왔던 물건들이 검찰청 행사 중에 발견된 것이다. 안성기 씨는 "이것 참. 이게 왜 여기 와 있지?"라며 겸연쩍게 웃었다. 유니세프 홍보대사 등 공개적인 사회복지 활동을 하면서도 그는 보이지 않는 곳에서 꾸준히 베푸는 삶을 살고 있었다. 봉사가 있는 날이면 안성기 씨는 늘 20분 먼저 도착해 있곤 했다. 배식 준비를 도와주기 위해 미리 서둘러 오는 것이다. 화려한 조명과 스포트라이트에 익숙한 위치에서 자신의 내면을 들여다볼 수 있다는 것은 구조적으로 그리 쉬운 일이 아니다. 그런데도 소리없이 나눔과 봉사를 실천한 안성기 씨는 내면이 아름답고 향기로운 사람이었다.

가질수록 비우는 데에 익숙한 사람의 삶은 아름답고 오래간다. 눈앞에 펼쳐진 화려한 성공을 꿈꾸며 조급해하지 말자. 어둠 속에서 천천히 드러내기 시작하는 빛이 세상에 나올 때 더 큰 영광으로 새겨질 것이다. 긴 밤을 뚫고 마침내 빛을 비추는 해돋이의 감동은 지구가 직선이 아닌 곡선이어서 가능한 일이다. 숨겨져 있다 드러나는 곡선의 미학이다.

빛나는 취재원 주변엔 어김없이 기자가 있다. 그런데 그 기준과는 동떨어진 일명 별 볼일 없는 취재원에다, 재미나 볼거리와는 거리가 먼 아이템을 일부러 찾아다녔던 기자들이 있었다. 지난 2000년 '시사매거진 2580'에서 '노무현의 낙선'을 다뤘던 황외진 기자와 박준우 기자가 그들이다. 당시 노무현 대통령은 일명 '꼴통 정치인'이었다. '지역구도'를 타파하겠다고 표가 되지 않는 곳만 골라 출마

한 선거에서 4번을 연이어 떨어졌다. 특이한 정치인이었지만 당시 그는 모든 언론들이 영광의 얼굴들을 쫓느라 정신없는 통에 방송사의 시선을 받지 못했다. 그러던 중 앞의 두 기자가 '낙선자 노무현'을 만나기 위해서 부산으로 내려갔다. 당선자들에게 묻혀 보이지 않지만 미련한 소신의 별종 정치인이 보여준 파란만장한 삶 속에서 꿈을 찾아보고 싶다는 취지에서였다. "농부가 밭을 탓해야 되겠습니까?" 노 대통령의 그 한 마디는 그의 바보 같은 용기를 탓할 수 없게 했다. 기자는 "혹시 대통령이라는 큰 꿈을 이루기 위해 시련도 애써 투자하는 것 아닌가요?"라고 물었다. 당시에도 노 대통령은 너무 솔직한 게 흠이었다. "그렇지만 공짜로 먹거나 거저 먹으려 한 적은 없습니다. 대가와 희생을 치르더라도 소신을 이루고 싶었어요"라는 답변은 늘 봐오던 정치인의 성공기나 영웅담에 식상해 있던 많은 사람들의 공감을 자아냈다.

노 대통령은 마지막에 이런 말을 했다. "떨어지고 나서 링컨 대통령의 책을 읽었는데 국회의원에 낙선하고도 대통령이 됐더라구요. 마지막 선거라고 생각했는데 다시 일어서 보려고 합니다." 그는 성공한 국회의원들보다 사람들의 머릿속에 더 깊이 각인됐다. 그의 모습이 방송을 탄 후 사람들은 꼴찌의 '멀리 보기'에 박수를 보냈다. 정치인에게는 드문 팬클럽도 생겼다. 결국 2년 뒤 그는 꿈을 이뤘다.

오늘날의 노무현 대통령에 대한 평가와는 별개로 당시 두 기자의 접근은 다수보다는 소수를, 가진 사람보다는 갖지 못한 사람들을 비추는 일이 어떤 기적을 가져다주는지 보여줬다. 이처럼 삶은 언제 어디서 어떤 일이 벌어질지 모른다. 예측이 가능한 직선이 아닌 곡선이기 때문이다. 길게 보며 꾸준하게 베풀고 노력하면 어느새 당신은 높은 언덕 위에 서 있게 될 것이다. 묵은 장이 깊은 맛을 내듯 인생도 아날로그의 긴 호흡을 내쉴 수 있는 사람만이 마지막 순간에 웃을 수 있다는 것을 잊지 말자.

Analog Power

예측이 어려운 우리 삶은 둥근 지구처럼 곡선이다. 그래서 언젠가 당신도 뜨는 해처럼 언덕 위에 올라설 날이 올 것이다. 그날을 위해 긴 호흡으로 순간에 최선을 다하자.

Chapter

아날로그 성공 원칙

디지털 시대에 우리가 지켜야 할 아날로그 성공 원칙은 무엇일까?
우리가 잊지 말아야 할 것은 기술이 모든 것을 바꿀 수는 없다는 점이다.
따라서 사람 중심의 아날로그 마인드로 무장해야 한다.
원칙, 신뢰 그리고 책임과 같은 아날로그 코드를 숙지하자.
21세기 우리의 삶을 성공으로 이끄는 핵심 키워드가 되어 줄 것이다.

1. 인간애와 배려라는 모티브를 짜라

일도 중요하지만 궁극적으로 우리가 추구하는 가치는 사람 중심이어야 한다. 그러나 가까운 가족과의 약속은 일과 성취에 밀려 마음의 창고에 처박히기 일쑤이고, 워낙 깊이 박혀 있어서 들여다볼 여유와 관심도 별로 없다. 하지만 가족의 가치를 중시하고 희망의 중심점에 사람을 두는 것, 이것이야말로 성공한 사람들의 아날로그적인 공통점이다.

상대방을 생각하며 선물을 떠올려보고 고르는 과정보다는 상품권 하나로 모든 것을 해결하고 만족해하는 세상이다. '마음에 들지 않는 선물을 하는 것보다는 낫다'는 명분과 선물받는 사람의 필요를 마음껏 충족시킬 수 있는 실리를 겸비한 상품권이 어버이날마다 불티나게 팔리고 있지만, 우리에겐 그것보다 더 중요한 것이 있다. 바로 얼굴을 보여주는 것이다. 아마 부모님에게 이 이상의 효도는 없을 것이다.

이라크전을 승리로 이끌어 미국 정치권으로부터 신임을 받았던 미국의 토미 프랭크스 중부군 사령관은 육군참모총장 제의를 고사하고 미련 없이 36년 군생활에 마침표를 찍고 전역을 선언했다. 결혼식날 아내에게 때가 되면 군복을 벗겠다고 한 약속을 지키기 위해서였다.

1991년 걸프전의 영웅이자 최초의 흑인 대통령감으로 거론되었던 콜린 파월 전 국무장관도 아내와 아이들이 더 소중하다며 대통령 후보를 거절했다. 또한 2005년 국무장관 퇴임식에서는 '더 이상 군인이 아니니 보병 부리듯 직원들을 대하지 말라'는 부인의 말을 소개해 국무부 직원들로부터 더 큰 박수를 받기도 했다.

물론 성공과 가정은 양립하기 힘든 과제이지만 성공에만 집착하는 것은 쉽고 또 진득하지 못하다. 그래서 가정의 소중함을 입증하며 성공의 반열에 오른 사람들은 더욱 돋보인다. 성공이냐 가정이냐의 갈림길에서 벌인, 양립을 위한 고통스런 선택의 과정을 미루어 짐작할 수 있기 때문이다.

실리콘밸리의 많은 CEO가 24시간 회사에 자신을 투여하는 탓에 가정에서 적지 않은 어려움을 겪고 있지만, 가급적 주말이면 가족에게 헌신하는 노력을 포기하지 않고 있다. 가족을 중시하는 그들의 모습은 성공한 CEO의 무게 중심을 묵직하게 잡아 주는 역할을 한다. 이제 가족을 이야기하자. 성공의 신화에 저 멀리 밀려나 있던 그들을 희망의 전면에 배치하자. 따뜻한 심장을 가진 사람은 성공과 삶의 행복이라는 두 마리 토끼를 잡을 수 있다.

살면서 문득 감사의 뜻을 표현하고 싶을 때에는 돈보다 선물이 좋다. 정확한 공식처럼 떨어지는 돈은 인간미가 부족하다. 상품권은 백화점에 가자마자 손에서 사라지는 1회용 선물이다. 더구나 에누리 없는 계산이 보여서 깊이도 없다. 결과보다 과정을 중시하며 상대방의 존재 자체를 존중하고 있음을 보여주고 싶다면 마음이 담긴 선물을 할 수 있어야 한다. 혹 자신의 취향에 맞지 않더라도 애써 들인 시간과 노력이 고맙고, 고민한 시간이 느껴져 두고두고 기억에 남는다. 정성 어린 선물은 보이는 것보다 더 많은 의미를 주기 마련이다. 학창시절 친구들이 학교 풀숲을 헤쳐 손에 쥐어 주던 네잎클로버처럼 말이다.

스탠포드로 유학을 가기 전 나는 신세를 지게 될 이름 모를 외국인들을 위해 복주머니와 보석함을 준비해 나갔다. 네잎클로버나 복권은 아니지만 보이지 않는 행운을 주고 싶었던 한국식 의사 표현이었고, 역시나 그들은 함박웃음으로 고마움을 표현했다.

물건에 투여하는 아날로그적 가치는 시너지 효과를 낸다. 현대그룹 현정은 회장은 직원들에게 여름 건강식으로 삼계탕 선물세트를 보냈다고 한다. 여성이자 어머니로서의 따뜻한 리더십을 보여주기 위해서였다. 한편 김영삼 전 대통령은 좋은 인연이라고 생각되는 사람과 헤어질 때면 아쉬움의 표현으로 지갑 속의 돈을 다 털어주는 것으로 유명했다. 이처럼 마음을 담은 선물에는 그 이상의 가치가 있다.

상대방의 이니셜이 들어간 선물을 하는 센스를 발휘해 보는 것도 좋다. 회사에서는 직책으로 불리고 동호회에서는 애칭이 붙는 사이 사람들은 자신의 이름을 잃어버렸다. 나는 내 이름의 이니셜이 박힌 볼펜을 선물 받으면서 묘한 감흥을 받았던 기억이 있다. 요즘은 차에도 이니셜을 넣는 사람들이 늘어나고 있다. 다른 모습과 호칭으로 변신하고 무장하는 우리들에게 자신의 존재를 확인해 주는 이니셜이 들어간 선물은 '나'를 다시 불러오는 마법과 같은 주문이다. 이성적인 돈보다 감성의 결정체인 선물이 주는 시너지 효과는 준비한 시간에 비례한다. 나만의 아날로그 가치가 투입된 선물은 상대방에게 나를 입력시키고 다르게 보이게 하는 특사가 된다.

하지만 사람의 마음을 움직이는 힘은 기쁜 일보다 슬픈 일을 챙길 때 더 크게 느껴진다. 생색나는 곳에만 사람이 몰리는 게 요즘 세태지만, 스치듯 쌓이는 빛나지 않는 베풀기는 손에 쥐어지는 현금이 아니라는 점만 다를 뿐 두 배로 돌아올 백지수표이다.

꼭 가야 하는 행사로 결혼식과 영안실이 겹치면 나는 영안실을 택한다. 결혼은 한 번 방문을 놓쳐도 인사할 기회가 있지만 장례식은 고인이나 그 가족에게 그때가 아니면 만남을 기약할 수 없으며,

기쁜 일보다는 슬픈 일에 팔 걷고 나서서 위로해 주는 것이 삶의 도리라고 생각하기 때문이다. 결혼식의 빈자리보다는 영안실의 빈자리가 더욱 크고 쓸쓸해 보인다. 좋은 일은 좋은 기억만으로 충분해서 다른 사람을 기억하기 쉽지 않지만, 슬픈 일엔 주위를 채워주었던 사람이 두고두고 생각나는 법이다.

결혼식보다는 영안실에서 만난 동료들이 빛나 보이는 것은 빛나는 곳만 찾는 시대에 빛나지 않는 곳에서 인간애와 의리를 보고 싶어하는 우리의 성정 때문이기도 할 것이다. 결혼식에 참석한 사람에 대한 감사는 서면이나 선물로 대신하는 것이 보통이지만, 영안실에 와준 사람에게는 힘들고 번거로워도 직접적인 인사가 이뤄진다. 만남의 색깔이 다른 각별한 의미 탓이다. 힘들 때 곁에 있어 주는 것은 자신의 신뢰라는 이름의 계좌에 꼬박꼬박 믿음을 저축하는 일이다.

이러한 행동은 따뜻한 심장을 지닌 사람만이 가능하다. 따뜻한 심장은 상대방의 마음을 읽고 사소한 것까지 배려할 때 빛을 발한다. '안 와도 돼', '알아보기만 해봐', '바쁠 텐데'라는 말은 모두 '와 주고', '알아봐 주고', '있어 달라는' 강력한 역설의 메시지를 담고 있다. 미안해서 혹은 두드러지게 말할 만한 사이가 아니어서 스치듯 삼키는 말투이다. 그래서 나는 표면보다 숨겨져 있는 이면을 듣는 데에 더욱 신경을 쓴다.

나의 능력을 벗어나는 요구에는 가급적 그 자리에서 'NO'를 하지만, 빗대 말하는 심리가 느껴지면 가능한 범위 내에서 더 열심히 들어 주려고 애쓰게 된다. 사소한 것을 들어 주고 챙겨주는 사람이 된다면 기억의 리스트에서 당신이 가장 위에 올라가 있을 것이다.

비슷한 이미지의 사람들을 떠올릴 때 그 중에서 차별화가 되는 우위는, 사소했던 2%를 채워준 섬세한 배려의 소유자에게 기울기 마련이다. 회사에서나 친구 관계에서나 큰일에는 누구나 최선을 다 하지만 결정적인 평가는 사소한 작은 일에서 비롯된다. 보이는 것에 민감한 디지털 시대, 보이지 않는 사소한 것을 챙기는 아날로그적 섬세함은 인간 관계의 '나비효과(Butterfly Effect)'를 보여준다.

조직도 사람의 집합체여서 한 사람에 대한 순간의 기억이나 미묘한 감정의 파장이 결국엔 큰 결정을 내리는 데에 여파를 미치게 한다. '기업에서 구조조정의 인원과 대상을 결정할 때 데이터라는 것은 한계가 있죠. 다면평가의 결과가 서로 비슷하게 나왔다면 궁극적으로 인사권자도 사람이고 대상자도 사람인데, 결국 그 사람의 됨됨이가 운명을 좌우하는 것을 보게 되니까요.' 국내 굴지의 한 대기업 간부의 말이다.

Analog mind Control

사랑이 아름다운 것은 사람이 아름다워지기 때문이라는 어느 시인의 말처럼 따뜻한 심장을 가져야 하는 것은 나와 사람들이 행복해지기 위해서이다. 세상의 중심에 우뚝 서는 것보다 우선시 되어야 하는 것은 사람을 중시하는 인간애와 배려이다. 기쁜 일보다 슬픈 일을, 보이는 것보다 보이지 않는 사소한 일을 챙겨라. 디지털 시대는 인간애와 배려의 성공 모티브, 따뜻한 심장을 느끼고 싶어한다.

2. 고난과 실패는 성공을 위한 수험료다

풍요로운 디지털 시대는 편안함만 추구할 뿐 어려움에 시선을 돌리는 법이 없다. 인터넷의 발달로 정보든 지식이든 자판만 치면 쉽게 얻을 수 있게 되면서 이러한 현상은 더욱 심해지고 있다.

미국 스탠포드대학이 한국의 유망한 벤처사업가들을 뽑아 몇 년 동안 집중적인 연수프로그램을 진행한 적이 있다. 이 연수는 실리콘밸리를 둘러보고 사업가들을 만나면서 성공비결과 기술현황을 습득하는 프로그램으로 다른 나라 기업인에겐 제공되지 않는 특전이었다. 그리고 이러한 프로젝트가 가능했던 것은 아메리칸드림의 신화 이종문 암벡스벤처 그룹 회장이 뒤에서 지키고 있기 때문이었다. 그는 제약회사 임원 자리를 박차고 미국으로 건너가 하이테크

벤처에 뛰어들었다. 당시 그의 나이는 50대 중반이었다. 원숭이 열 마리 중 아홉 마리는 떨어진다는 실리콘밸리의 살벌한 경쟁에서 그도 쓰라린 패배를 맛봤다. 컴퓨터에 대한 지식이 전혀 없이 시작했던 사업은 연이어 실패했고 결국 가족들마저 등을 돌렸다. 그러나 이민자의 근성과 열정은 당시 60대였던 그를 미국에서 가장 성장이 빠른 10대 벤처기업 경영자의 반열에 오르게 했다. 그의 컴퓨터그래픽카드 회사는 연 5억 달러의 매출을 올리며 미국 증시에 상장됐다. 현재 그는 벤처캐피털리스트로 활동하고 있다.

'베풀고 나누는 삶을 살자.' 이것은 이종문 회장의 지론이다. 시련을 극복하는 과정에서 자신에게 열정을 바친 직원들과 사회에 책임을 다해야 한다고 생각한 것이다. 그래서 그는 샌프란시스코 아시아미술관이 재정난에 빠지자 한국관을 만들어 달라는 요청과 함께 1천 5백만 달러를 기부했다. 개인 기부액으로는 최고 금액이었다. 그 이후에도 4천만 달러 이상의 주식을 한인 학생을 위한 재단을 만드는 데에 내놨다. 심지어 이종문 회장은 경영 일선에서 은퇴하면 전 재산을 사회에 환원할 것이라고 선언해서 주위를 숙연하게 만들기도 했다. 그는 실패를 거듭하면서 성공의 진가를 익힌 것이다. 고난의 과정을 기꺼이 받아들였고 성공의 밑거름으로 썼다.

정문술 미래산업 전 회장의 경우도 역경 속에서 성공을 이끌어낸 사례다. 중앙정보부에서 해직되어 실직자가 된 그는 금형제작업체를 인수했다. 당시 그의 나이는 43살이었다. 늦은 나이에 새롭게 시작한 사업은 순탄하지 않았다. 악성부채에 시달리는 부실회사를 인수했던 것이다. 그 이후 다시 반도체 장비사업에 도전했지만 또다시 18억 원의 빚만 졌다. 한때 죽을 결심을 하기도 했었다. 하지만 죽을 힘이 있다면 그 힘으로 한번 더 해보자는 생각으로 그는 다시 일어섰다. 악착같이 일에 매달린 결과 그는 나스닥 상장기업의 CEO가 됐다. 하지만 1년 뒤 자신의 재산 3백억 원을 털어 연구기금으로 내놓고 '착한 기업'을 만들어 달라는 말을 남기고 그는 은퇴했다. 그리고 경영권은 직원들에게 물려주었다.

위기에 처할 때 자신을 내던지고, 성공한 뒤에는 그 덕을 가족이나 친척이 아닌, 다른 이들에게 돌린 그의 신화는 자신을 비우고 시련까지 아름답게 만드는 아날로그적인 정면승부가 만들어 낸 결과다. 어떤 어려움에 처했을 때 끝까지 해내고 말겠다는 집념으로 승부한다면 못할 것이 없다. 나 또한 그랬다.

언론고시를 준비하는 사람들은 수백 대 일의 경쟁률에 한번 질리고, 예측할 수 없는 까다로운 면접에 또 한번 좌절을 맛본다. 기자가 되는 과정이 내게도 호락호락한 것은 아니었다. 사실 고등학교 시절 나의 꿈은 플루트 연주자였다. 초등학교 때부터 8년을 플루트와 함께했고 예술학교를 다녔다. 당시 음대 진학은 지극히 자연스럽고 당연한 과정으로 여겨졌다. 그런데 내가 사사받던 선생님이 음대 입시 비리로 구속됐다. 사춘기 시절의 나에게는 큰 충격이었다. TV 뉴스에 나오는 선생님을 보면서 영혼을 걷어차인 듯, 화면에서 한참 동안 눈을 뗄 수 없었다. 눈앞에 드리워져 있던 허위의 장막을 걷어준 것은 음대 입시비리의 실상을 조목조목 파헤친 해설기사였다. 문 앞에 배달돼 있던 한 장의 신문이 나의 인생을 바꾼 것이다. 플루트 연주자에서 기자로 새로운 꿈을 그리기 시작한 것은 그때부터였다. 신문방송학과를 졸업한 후 첫 시험을 치른 언론사는 SBS였다. 하지만 최종 2명이 올라간 마지막 면접에서 고배를 마셨다. 한 달 뒤의 MBC 시험은 낙심과 번민 속에 치렀다. 재미있는 사실은 최종면접에서 만난 후보들이 대부분 SBS 면접시험에서 봤던 얼굴들이라는 점이다. 당시 언론사 시험은 2천 대 1의 경쟁률이었지만 실제로 실력이 검증된 라이벌은 50~60명 선이었다. 언론고시는 무엇보다 엄청난 수치의 경쟁률에 겁먹고 휘둘리지 않도록 무장하고 단련하는 자세가 필요하다.

결국 나는 한 번의 좌절 이후 기자가 됐다. 하지만 합격의 기쁨은 순간이었다. 기자가 된 후 6개월 동안 경찰서에서 아침을 맞았고, 그 후로도 일주일에 세 번은 회사에서 꼬박 야근을 하는 고된 훈련이 계속됐다.

운명처럼 끌려서 시작한 일에 후회나 두려움은 없었다. 그런데 내가 크게 아픔을 겪은 사건은 정작 따로 있었다. 강단 있게 시작한 기자의 길이었지만 내 기사로 인해 하루아침에 직장을 잃은 사람이 생겼고, 심지어 목숨까지 버린 사람도 있었다.

1978년 평범한 고등학교 국어교사 고상문 씨가 유럽연수 중 납

북되었다. 서슬이 퍼렇던 그 시절, 그의 아내 조복희 씨는 월북자 가족이라는 멍에를 쓰고 고통과 고문으로 17년을 살았다. 몸도 정신도 말이 아니었다. 북한 정치범 수용소 수감인 명단에 고상문 씨의 이름이 있다는 것을 우연히 알게 된 나는 그것이 월북 낙인을 걷어내고 헤어져 있던 가족을 다시 만나게 할 희망의 씨앗으로 보였다. 그래서 별로 내켜하지 않는 그들을 설득해 단독 인터뷰를 했다. 가족의 눈물 섞인 호소는 사람들의 마음을 움직이는 데에 성공했고, 그 이후 적십자사까지 나서 전국적인 고상문 씨 송환운동이 벌어졌다. 사회적인 이슈가 된 이 기사로 나는 기자협회에서 주는 특종상까지 받았다. 그런데 문제는 그 다음이었다. 북쪽에서 아무런 응답이 없었다. 남북의 냉랭한 분위기와 함께 뜨거웠던 여론의 불길도 식어갔다. 언제 그랬냐는 듯 관심은 희미해져 갔고 해결될 기미는 보이지 않았다. 결국 조복희 씨는 다시 침울한 일상으로 돌아가야 했다. 그리고 일년 후, 상봉의 가능성이 희박해지면서 심한 우울증에 시달리던 그녀는 이웃집 아파트 옥상에서 몸을 던져 스스로 목숨을 끊었다.

기자로서의 명예와 한 인간의 상처는 이렇게 함께 갈 수 없을 때가 있다. 대의를 위한 길이었다고 스스로를 위로도 해봤다. 하지만 그녀의 아픔이 내게는 상처가 됐다. 그녀의 돌이키고 싶지 않은 과거를 내가 더 헤집은 탓이 아닌가 하는 생각에 한동안 펜을 들 수가 없었다. 그 일이 있은 후 나는 힘없는 사람들을 도울 수 있는 방법을 찾아주는 일에 주력했다. 마음의 빚을 갚기 위해서였다. 그동안 살면서 수많은 일을 겪고 고난의 고비를 넘기면서도 나는 단 한순간도 안도의 한숨을 쉬어본 적이 없다.

어떤 어려움이 닥치더라도 침착하게 넘어설 수 있는 초심을 유지할 수 있는 사람이 되고 싶다. 그래서 원칙과 겸허함을 잊지 않고 평생 진행형으로 살기 위해 노력한다.

속이 빈 대나무가 30m까지 자랄 수 있는 것은 마디가 있기 때문이다. 당장 속을 채우려고 역량이라는 결절을 굳게 하지 못하면 더 이상 성장할 수 없다. 굴절의 마디가 없으니 넘을 고비도, 넘은 뒤의 승리감도 없을 것이다. 모든 일은 과정이 있어야 성장이 있고 성장통이 있어야 한 단계 높이 비약한다.

장기화된 불황의 그늘, 최악의 경제상황은 바닥과 한판 붙는 근성과 이를 극복할 의지를 요구한다. 남들이 피하는 어려움을 능히 극복하는 과정은 자신을 단단하게 만드는 거름이다. 고난을 딛고 일어서면 어느덧 남들보다 부쩍 커 있는 자신을 발견하게 될 것이다.

Analog mind Control

고난과 실패는 성공을 위한 수험료일 뿐이다. 다른 사람과 차별화되는 더 값진 성공을 위해 인생의 중요한 마디에서 성장통을 겪고 있다고 생각하자. 대나무가 높이 자라는 것은 마디가 있기 때문이다.

3. 신중하게 약속하고 반드시 지켜라

휴대전화와 관련된 여러 가지 문화가 자리잡으면서 약속이라는 개념이 가벼워지고 있다는 생각을 가끔 한다. 휴대전화가 일반화되지 않았던 시절에는 약속을 한 후 위급한 상황이 아니면 약속장소에 나가지 않으면 안 되었다. 상대방이 기다리고 있다는 것을 대수롭지 않게 여길 사람은 없기 때문이다. 하지만 휴대전화가 일반화하면서 약속은 자주 바뀌고 깨진다. 언제든지 전화해서 일정을 바꿀 수 있기 때문이다. 위급한 상황이 아니더라도 기분에 따라 선택이 가능하다. 상대방을 기다리지 않게 할 수 있다는 심적 여유를 갖고 있기 때문인 것 같다. 이처럼 약속이라는 단어의 무게감이 점점 사라지고 만남의 의미에 위기가 몰아닥치고 있다. '신의'는 우리가 살아가는 삶의 명분이다. 약속이 자주 뒤집어지는 디지털 세상에서 약속을 지키는 것은 사람과 사람 사이를 더욱 밀도 있고 깊이 있게 이어준다. 그리고 시간이 흐를수록 더 큰 보답으로 화답한다.

2004년 가을이었다. "김은혜 앵커님에 관한 이야기를 책에 담고 싶어서 연락드렸는데요." 한 번도 본 적 없는 잡지사 기자가 전화를 했다. 왜 그런 느낌이 들었는지 모르지만 전화기로 들려오는 목소리가 낯설지 않았다.

그녀는 당시 출판계에서 한창 유행하던 자녀 교육법 시리즈 중 하나로 나와 어머니의 이야기를 담고 싶다고 했다. 한 분야에서 열심히 일하는 사람들의 가정교육을 통해 올바른 교육법을 알려주고자 한다는 부연 설명에 굳이 내가 포함되어야 하는지 멋쩍음이 앞섰다.

"꼭 저여야 하나요? 다른 훌륭한 분들도 많은데…." 그녀는 내가 기자 출신 앵커로 삶에 대한 확실한 기준이 서 있고 그 삶에 큰 영향을 미친 사람이 어머니 아니냐는 말로 나를 설득했다.

사실 '어머니'라는 말에 마음이 흔들렸다. 초등학교 시절 소풍을 갈 때면 어머니는 항상 도시락을 두 개 싸주셨다. 혹시 형편이 어려워 도시락을 싸오지 못하는 같은 반 친구가 있으면 챙겨주라는 뜻이었다. 어린 마음에 무거운 도시락을 두 개씩이나 들고 가야 한다고 투덜거렸지만, 신기하게도 도시락의 주인공이 한 명씩은 꼭 있었다.

'항상 베풀어야 한다'는 어머니의 신조는 그때부터 나의 정신적인 등대가 됐다. 어머니는 항상 어려운 사람에게 먼저 웃어 주고 그들의 안색을 살핀다. 몸소 베푸는 삶을 실천하셨던 어머니는 내게 용기를 내지 못하는 사람에게는 먼저 다가서 주고, 그들의 말을 귀담아들어 주라고 말씀하시는 분이다. 또한 독실한 불교신자인 어머니는 '허공에 감사하라'는 말을 생활 속에서 보여주셨다. 그런 어머니의 인생 자체가 내 좌우명이 되었다. 나를 일깨워준 정신적 지주인 어머니의 삶을 지면에 담을 수 있다는 것은 내심 나쁘지 않은 효도처럼 보였다. 절대 당신의 이야기는 하지 않겠다는 어머니를 끈질기게 설득해 저자와 인사를 시켰다. 인터뷰는 다행히 순조롭게 끝났다. 저자도 흡족해하는 것 같았다.

그리고 몇 달 뒤 나는 시험에 들어야 했다. 당초 출간예정일이 지나도록 책은 나오지 않고 있었다. 간혹 저자에게 전화가 와도 '확실한 일정이 잡히지 않아 어려워질 수도 있겠구나'라고 생각했다. 그런데 때마침 다른 출판사에서 연락이 왔다. 공교롭게도 어머니와 딸을 다루는 똑같은 주제로, 구체적인 출판일정을 제시하며 취재 요청을 해온 것이다. 게다가 출판사 규모도 전보다 크고 저자 또한 풍부한 집필 경력의 소유자였다. 심지어 나를 설득하는 자세도 매우 적극적이고 도전적이었다.

앞선 책의 출판이 모호해진 상황에서 더 좋은 조건을 제시하는 그들의 노력은 계속됐다. 순간 나는 갈등했다. 아무 일도 없었던 것처럼 인터뷰를 해주고 어머니 앞에 책을 선물해 드릴까? 두 개의 책에 소개된다 해도 워낙 유행하는 주제이니만큼 큰 양심의 가책은 받지 않을 수도 있지 않을까? 순간 여러 가지 시나리오가 떠올려졌다. 생각의 생각이 꼬리를 물다 내가 내린 결론은 원칙과 소신을 중요하게 생각하는 내 삶의 방식을 지키자는 것이었다.

이름 있는 대형 출판사에서 나를 화두로 하는 책이 먼저 출간될 경우 내 이름 석 자가 세상에 좀더 알려질 수도 있다. 하지만 그들보다 빨리 아이템을 잡고 러브콜을 보낸 그 전 출판사는 소재가 겹치기 때문에 나중에 판매에 타격을 입을지도 모른다는 생각이 들었다.

내가 인정받는 것보다 더 중요한 것은 처음 내게 프로포즈를 해준 출판사와 책을 준비한 시간과 잡지사 여기자와의 신의였다. 그리고 최선을 다했던 그 과정과 오랜만에 모녀가 함께 나눈 시간이 뒤틀리고 왜곡되는 것이 싫었다. 어머니께서도 당신의 선행이 여기저기 상품처럼 팔리는 것을 원하지 않을 것이라는 생각이 나를 마지막으로 붙잡았다.

한동안 전화공세에 시달렸지만 나는 한결 같은 대답으로 정중히 거절했다. “설사 앞선 책이 출간되지 않더라도 제 마음은 이미 그쪽에 두고 최선을 다했습니다. 어머니와 함께 기억을 더듬고 귀한 뜻을 살폈던 과정에 만족해요. 우리 모녀를 잘 지켜봐 주신 데에 감사드립니다.” 나는 더 이상의 제의를 사절했다.

그 이후 출간이 미뤄졌던 책이 세상에 나왔고 반응도 좋았다. 예정보다 한두 달 늦긴 했지만 독자들의 호응으로 불황의 출판계에서 성공적인 발매부수를 기록하며 팔려나갔다. 잠시 흔들렸던 마음의 빚을 깨끗이 털어내는 기분이 들었다. 눈앞의 이익에 급급한 디지털 시대에 나 자신과의 약속을 지키고 신의를 우선시하는 것은, 더 큰 기쁨을 가져오고 평생의 자산이 되어 돌아온다는 평범한 진리를 한 번 더 느낄 수 있었다.

Analog mind Control

약속도 쉽게 뒤집어지는 디지털 시대라 할지라도 신중하게 약속하고 반드시 지켜라. 가벼운 디지털 시대에 당신을 무게감있는 사람으로 기억할 것이다. 순간의 유혹이 많아도 인생은 힘들게 약속을 지켜낸 사람에게 반드시 사필귀정의 원리로 화답한다.

4. 때로는 두 귀를 막아라

살면서 '벽창호' 같은 사람이라는 표현을 들어본 적이 있을 것이다. 벽창호는 평안북도의 벽동과 창성 지역에서 나는 소가 고집이 세다는 데서 '벽창우'로 불리다가 변형된 말이다. 우리는 앞뒤가 꽉 막힌 사람, 남의 말을 전혀 듣지 않는 사람을 '벽창호'라고 부른다. 21세기는 인간 관계가 성공 키워드라는 이야기를 많이 한다. 그러다 보니 벽창호 같은 사람은 시대를 따라잡지 못한다는 뜻의 부정적인 의미가 크다. 그러나 나는 그런 의미보다는 '열정의 벽창호'가 되라고 말하고 싶다. 마음 한구석을 굳게 지키는 벽창호, 비판적인 시선에 흔들리지 않고 내가 하고 싶은 일에 집중할 수 있는 고집 말이다.

1996년 나는 정치부로 발령이 났다. 피의자와 줄다리기를 하고 범죄현장을 찾아다니는 경찰기자 생활을 한 지 3년 만의 일이었다. 사실 국제부를 지원했는데 결과는 정치부였다. 보통 검찰이나 외교부를 거쳐 입사 6~7년차가 가게 되는 정치부에 3년차 기자가 배속되는 일도 드문 경우였지만, 여기자가 국회 출입기자가 되는 것도 전례에 없던 일이었다.

알고 보니 사회부 시절 특종을 많이 했던 경력이 정치부로 발령받는데 큰 영향을 줬다고 했다. 그러나 정치부에서 부딪치게 된 선배들은 그리 호의적이지 않았다. 아마도 30년 넘게 남자 기자들이 맡아온 영역에 여성이 진입했다는 사실 자체를 선뜻 받아들이는 것이 쉽지 않았던 것 같다. 더구나 난데없이 들어온 3년차가 그 짧은 경력에 잘 해낼지 예상하기 어렵다면서 우려 섞인 시선을 보냈고 선배들의 얼굴에는 만감이 교차했다.

선배들과의 첫 인사 자리에서 열심히 하겠다는 각오를 다졌지만, 열심히 할 기회는 좀처럼 찾아오지 않았다. 게다가 정치부에 들어간 뒤 들려오는 비아냥은 나를 더욱 힘들게 했다. '노래를 잘 불러서 회식자리에 앉히려고 정치부에서 데려간 거라면서?'라는 식의 의도적인 악담에서부터 '버텨봐야 6개월이라지'라는 조소까지 주위의 시선은 여성은 정치부에 맞지 않다는 회의적인 평가를 내릴 준비를 이미 다 끝내 놓고 있었다.

선배들은 일단 바닥부터 배울 것을 요구했다. 내가 처음 시작한 일은 정책위원장을 담당하는 정책담당기자였다. 정치부의 수습격인 막

내 기자가 섣부르게 정치인을 만나고 정치를 논하는 것은 순서에 맞지 않다는 이유 때문이었다. 지금 생각해 보면 정통 훈련코스를 밟은 셈이다. 그런데 문제는 특종이 아니면 방송을 할 수 없다는 것이었다. 보통 정책기사는 워낙 어렵고 복잡한 사안이어서 신문 일면을 장식할 정도의 이슈를 갖지 않으면 9시 뉴스에 들어가기가 쉽지 않았다.

내가 직면한 문제는 그것뿐만이 아니었다. 정치인들은 처음 등장한 여기자에게 호감을 보이면서도 기사를 주겠다는 쪽으로 이어지는 일은 거의 없었다. 대부분의 사람들이 나를 알아봤지만 소득은 없었다. 보좌진과 의원들이 '김 기자한테만 주는 거야'라고 생색내며 주는 문건은 기사 가치가 없는 홍보용이 대부분이었다. 취재로 일대일 면담을 해도 '김 기자, 언제 결혼해?', '그 정장 어디서 샀어?' 등 지극히 개인적인 대화만 하려고 했다. 인지도가 높다고 착각하면 영원히 함정에 빠질 수 있는 위기와 기회의 그물에 나는 걸려 있었다. 비관적인 시선에 정면으로 맞서 '프로 김은혜'를 입증해야 하는 기로에 선 것이다.

정치부 기자로서의 서막은 그렇게 험하게 올라갔다. 우여곡절도 많았다. 남들이 정보를 주지 않으니 스스로 찾아내야 했기 때문이다. 그래서 구 신한국당 회의실 옆 오디오조정실의 땜질 되지 않은 합판을 드라이버로 뚫어서 당정회의를 몰래 듣기도 하고, 국회의원 식당과 방문을 연결하는 칸막이 뒤에 숨어 당정간 정책결정 과정을 엿듣기도 했다. 심지어 한나라당의 합당 때에는 병풍 뒤에서 고위당직자들의 대화내용을 엿듣다 무선호출기가 울려 간담이 서늘했던 기억도 있었다. 정책기사는 전문위원방을 오가며 정책취재를 하는 등 위로 뚫고 아래로 헤집으면서 두 달 만에 비로소 나만의 단독기사를 올릴 수 있었다.

정책 전문기자로 인정을 받기 시작하면서 선배들의 엄한 눈빛도 조금씩 누그러졌다. 그러면서 정치인을 만나는 것이 허용됐다. 새벽 5시부터 다음날 새벽 1시까지 밤낮없이 정치인의 집에 찾아가 그날의 화두를 듣고 정세를 예측하는 훈련을 시작했다. 아침잠이 많았던 나는 졸린 눈을 치켜세우며 후원회장부터 비선조직까지 인터뷰를 시도했고, 고위당직자의 농담을 가장한 진담을 출근길 택시 안에서 분석해야 했다. 그리고 짓궂은 술자리를 피하기 위해 저녁 대신 점심 약속을 많이 잡았다. 술자리의 연대의식은 점심을 다섯 번 정도 먹으면 비슷해진다.

노력에 노력을 더한 결과 나는 결국 한 건을 해냈다. 1996년 정치부 기자들은 국회의장이 누가 될지 예측을 하는 전면적인 취재에 들어갔다. 나는 선배들에게 "김수한 의원이 된답니다"라고 최종보고를 했다. "김수한?" 전혀 유력하지 않은 후보 이름 석 자에 선배들은 의아해했다. 하지만 나의 취재는 정확했다. 그 후 선배들은 나에 대한 농담도, 나에 대한 우울한 시선도 거둬들였다. 그리고 정세분석 기사를 쓰게 하는 것으로 나를 자신들의 영역 안에 들여놓아 줬다.

초기의 두터운 장벽도, 나의 주변을 맴도는 빈말도 이젠 먼 과거의 일이 되었다. 가끔은 누가 뭐라건 두 귀를 막아 버리는 것이 아주 신통한 방법이 된다. 물론 이 방법은 내 능력을 보여줄 수 있는 각고의 노력과 성과물로 맞설 때 효과가 있다. 시간의 나이테를 새기며 다른 사람들에게 천천히 나의 진실을 스며들도록 하는 것이 본모습을 알리는 가장 확실한 방법이다.

내 본모습에 비추어 진실이 아니라면 남의 말은 훌훌 털고 내 길을 걸어야 한다. 칭찬에 솔깃하면 안 된다. 나도 모르게 남이 원하는 방향으로 움직이고 남의 기준에 맞춰 살게 되기 때문이다. 또한 터무니없는 비난이나 우려에는 더더욱 귀를 기울이지 말아야 한다.

소신과 원칙을 사수하고자 한다면 무엇이든 포기하지 말고 한 가지에 미칠 수 있는 열정과 집념을 가져야 한다. 우리나라 물리학자인 김현탁 박사는 56년간 세계 물리학자들에게 난공불락의 수수께끼였던 '하늘에 갑자기 번개가 치는 것처럼 절연체에도 전류가 흐른다'는 가설을 세계 최초로 규명해 냈다. 연구를 시작한 지 13년 만의 성과였다. 생계를 위해 타이어회사에 다니면서도 그의 머릿속에선 모트가설이 떠나지 않았다고 한다. 결국 그는 다니던 회사를 그만두고 일본으로 유학을 떠났다. 공부를 마친 후 해당 분야의 선진국 격이었던 쓰쿠바대학에서 문부교관을 맡아달라는 제의를 받았지만 그는 단호히 뿌리치고 한국으로 돌아왔다. 그리고 전자통신연구원으로 들어가면서 내건 조건은 연구지원금이 아니라 24시간 연구할 수 있는 장소였다. 가족여행길에도 노트북과 일거리 챙기는 것을 빼놓지 않아서 가족들의 눈살을 찌푸리게 한 적이 한두 번이 아니었다. 그렇지만 그의 이러한 열정과 근성으로 반도체의 기능을 획기적으로 보완한 신소자가 개발되었던 것이다.

업적을 발표하기 불과 1년 전인 2004년만 해도 과학재단 창의연구사업평가에서 지원을 받지 못할 정도로 그의 연구는 냉대를 받았다. 하지만 그러한 열악한 환경이 그의 집념을 꺾지는 못했다.

신소자 개발 이후 그는 경쟁이 치열했던 절연체 소자 연구에서 지적재산권을 확보하기 위해 인터넷을 통해 먼저 연구 결과를 발표하는 것으로 영역을 선점했다. 그의 13년간의 연구가 빛을 발하면서 달라진 것이 또 하나 있다. IMF 당시 벤처와 대학 등으로 떠났던 국책연구원들이 고액연봉의 안정적인 직장을 뒤로 하고 정부출연 연구소로 돌아오기 시작한 것이다. 잊고 있었던 자신의 꿈과 열정을 채워줄 자리로 돌아오는 행렬이었다. 김현탁 박사는 연구 결과뿐만 아니라 사람들에게 희망이라는 불씨도 던져주었다. 어려울수록 원칙을 지킨 김 박사의 또 다른 성과다.

Analog mind Control

당신과 맞지 않는 말이라면 확실하게 두 귀를 막아라. 주변에 휩쓸리지 않는 평정이 당신의 능력에 속도를 배가시켜 줄 것이다.

5. 달콤한 유혹 물리치기

뉴스를 전하는 기자나 앵커에게는 여러 가지 제의나 유혹이 잇따르곤 한다. 아무런 대가없이 고가의 건강검진을 해주겠다고 나서는 병원이 있는가 하면, 취재원도 아닌데 무작정 식사를 제공하려는 사람도 있다. 'NO'라고 잘라 말하기 어려운 경우도 있지만 나는 일단 초면에 거절하는 편이다. 쉽게 들어온 것은 쉽게 나간다는 진리를 믿기 때문이다.

2004년 연말에 있었던 일이다. 방송을 마치고 돌아와 보니 책상에 이름이 적혀 있지 않은 메모가 놓여 있었다. 메모에 적힌 대로 전화를 걸어봤더니 이름만 들어도 알 만한 정당 고위당직자였다. 3년 동안 정치부 기자를 하면서 안면이 있었던 사람들이다. 보자고 해서 만나긴 했지만 곤란한 상황이 벌어졌다. 그가 내게 꺼낸 이야기는 뜻밖에도 총선 이야기였다. "전국구 1번을 드릴까 생각하고 있습니다." 전국구 1번은 총선에서 천재지변으로 유권자들이 투표장에 거의 가지 못하는 일이 생기더라도 문제될 게 없는 안정적인 당선권이다. 갑작스러운 제의에 놀랍기도 했지만 한편으론 아쉬움도 밀려왔다. 당내의 보이지 않는 곳에서 궂은일을 다하며 전국구를 기다려온 당직자, 국회에서 힘들게 의원들을 보좌하면서 꿈을 키워온 소장파 정치지망생, 지역구에서 풀뿌리 민주주의의 기본을 익혀보겠다고 밑바닥에서부터 시작하는 새내기 여성정치인들의 모습이 머릿속을 스쳤기 때문이다.

내가 기자를 선택한 이유에 정치는 포함되지 않았다. 더구나 화면 속의 인지도를 빌려 유권자들의 호감을 사려는 이미지 정치를 직접 목격했다는 점에서 실망감은 더 컸다. 정치기사를 쓸 때 최소한 피하려 했던 분야는 여성정치인을 한데 묶어 쓰는 기사였다. '여성정치인'이라는 호칭을 쓰는 것도 피했다. 의원 각자의 노선을 일률적으로 통합하고 공식화하는 시도는 기자가 적당히 기사를 때우고 싶거나 흥밋거리로 손쉽게 시선을 끌려는 의도라고 생각했기 때문이다. 대표적으로 추미애 전 의원은 여성의원들만 따로 취재하는 요청에는 응하지 않기도 했다. 지금은 많은 직능과 직종의 여성이 국회에 진출해 있지만, 아직도 소수이고 그들을 일종의 상품으로 간주하는 시각은 여전히 사라지지 않고 있다.

적어도 선거를 앞둔 당이 유명인 영입으로 기대하는 것은 깜짝쇼와 당 인지도 상승이다. 그래서 인지도가 있는 사람 중에는 입당식 하루만 자신의 정치인생의 화려한 날을 보내고 4년 뒤 초라하게 무대에서 내려오는 경우도 많다. 입당 이후 자신의 상품가치를 증명해야 하는 더 험하고 냉정한 통과의례가 그만큼 가혹하기 때문이다.

손익계산이 투철한 정치권은 비정하다. 특히 노동의 대가 없이 편하게 얻은 자리엔 더 고통스러운 검증과정이 수반된다. 이처럼 쉽게 들어온 제의는 견제와 질시, 시험 등으로 끝도 허무해질 가능성이 높다. 유명세로 들어간 사람은 더욱 노력해야 하며 두 배의 공력을 들여 전문적인 정치인으로 거듭나는 수련과정을 밟아야 한다.

"들어오시면 여성 최연소 국회의원이 되실 수 있을 겁니다." 서둘러 자리를 정리하고 일어서려는 내게 던져진 말이다. 그에게 나는 이렇게 답해 주고 싶었다. "방향을 잘못 잡으셨습니다. 제가 원하는 '최'자 돌림 수식어는 따로 있습니다."

나는 '최고'의 방송기자를 꿈꾼다. 기자로서의 10년 세월은 나를 지탱하는 든든한 믿음이자 자산이다. 빛을 비춰 주어야 할 세상의 어두운 곳이 아직도 존재하고 들춰내야 할 폐단은 여전히 쌓여가고 있다는 것이, 기자생활을 시작한 이후 줄곧 변치 않았던 나의 성취동력이었다. 자유롭게 사고하고 날카롭게 짚어내는 기자로서의 빛과 소금의 역할이 받아들여지는 한 나는 계속 일하고 싶다. 입당 제의를 계기로 다시 한번 돌아본 기자로서의 내 삶은 100% 만족스럽지는 않지만, 다시 태어나도 내가 해야 할 직업이자 천직이라고 믿는다.

물리쳐야 하는 유혹에 이런 것만 있는 것은 아니다. 그래서 남들이 뭐라 하건 옳다고 판단되면 대세에 편승하는 안락함을 벗어던지고 과감하게 밀어붙이는 결단력이 필요하다. 방송 프로그램은 시청률에 치여 하루에도 몇 번씩 죽고 사는 생사의 기로에 선다. 대기만성형의 프로그램을 키운다는 것은 불굴의 의지와 인내심 없이는 불가능하다. 하지만 원칙을 고수해 얻은 정공법이 좋은 반응을 얻으면 그 보람은 말로 표현할 수 없을 정도다.

아침뉴스 전반부가 끝날 무렵에 '뉴욕경제'라는 코너가 있다. 뉴욕을 연결해 지난밤의 뉴욕증시와 유가동향, 미국 산업의 추세와 각종 지표들을 특파원을 통해 직접 전해 듣는 코너다. 경쟁사에서는 같은 시간대에 스포츠 뉴스와 연예기사, 각종 생활밀착형 기사가 전파를 탄다. 이 시간은 7시대 시청률에 영향을 주기 때문에 방송사마다 투혼을 펼치는 전략시간대가 되고 있다. 그런데 뉴욕경제 코너의 시청률은 경쟁사의 연예뉴스에 번번히 KO패 당했다. 편집데스크는 회의에 빠졌다. 사실 연예인 뉴스만큼 시청자의 시선을 잡지는 못하겠지만 뉴욕경제만큼 아침출근을 준비하는 샐러리맨과 기업인에게 중요한 속보는 흔치 않다.

뉴욕경제는 타사 뉴스는 물론 인터넷 뉴스도 쉽게 따라올 수 없는 경쟁력을 갖고 있었다. 그리고 나와 우리 팀은 포기할 수 없는 고

급뉴스 영역이라는 신념이 있었다. 알려줘야 할 뉴스는 시청률에 흔들리지 말아야 한다. 또한 그런 뉴스가 뿌리를 내려야 앵커도 존재 가치를 찾을 수 있다고 생각했다. 그래서 더욱 강경하게 이 코너의 폐지에 반기를 들었다. 그러던 중 뉴욕지사의 기술적 사정으로 뉴욕경제가 일주일 동안 방송을 타지 못하는 일이 벌어졌다. 방송이 나가지 않자 아쉬움을 표하는 문의 메일이 하루에 10건 이상씩 들어왔다. 침묵한다고 해서 시청자들의 마음이 없는 것이 아니었다.

현재 뉴욕경제 코너는 뉴스투데이를 대표하는 주력코너가 되었다. 시청률은 여전히 경쟁사 연예뉴스를 제압할 정도는 아니다. 하지만 동시간대 우위를 보이는 날도 눈에 띄게 늘고 있다. 눈을 즐겁게 하진 못해도 정신을 뿌듯하게 만드는 이 코너를 보기 위해 새벽부터 MBC에 채널을 고정해 놓는다는 마니아 시청자들이 많다. 그래서 진행하는 사람도 마음이 든든하다. 원칙을 밀어붙이지 않았다면 이러한 확신에 찬 반응은 얻어낼 수 없었을 것이다. 원칙의 뚝심은 두고두고 음미할 만한 가치가 있다.

Analog mind Control

쉽게 들어온 것은 쉽게 나간다. 달콤한 유혹 뒤에 고통스러운 함정이 있다. 정공법으로 가라. 초기에는 왜소해도 두 배의 보람과 성과가 돌아온다.

6. '양심'이라는 아날로그 마술

케네디는 21세기 기업가나 정치가는 성직에 준하는 고도의 도덕성을 가진 사람이어야 하며, 경영자의 도덕성은 기업의 성패를 좌우한다고 말한 적이 있다. 도덕성은 눈에 보이진 않지만 가슴에 새겨둬야 할 필수 덕목이다. 특히 디지털 시대에는 개인의 도덕성, 기업의 투명성이 더욱 요구된다. 기술이 발달하고 전문성이 중요해질수록 기술을 올바르게 활용하는 반듯한 인성, 올바른 원칙이 중심 역할을 해줘야 하는 것이다.

우리가 살아가고 있는 21세기는 돈이 곧 '인격'이다. IMF 이후 평생직장의 개념이 사라지고 구조조정의 칼날이 40대의 목전에까지 들이치면서 어느덧 조직은 개인을 최대한 활용하는 부속품으로 여기기에 이르렀다. 상황이 이러니 샐러리맨들은 직장을 다니는 동안 한몫 챙기지 않으면 여생이 불안한 반쪽짜리 인생이 됐다. 사회 분위기는 올바르게 살아야겠다는 생각 대신 절차 없는 인생 역전을 원하는 한탕주의가 그 자리를 채우고 있다.

경쟁업체가 제시하는 거액의 연봉에 현혹돼서 자신과 고락을 함께한 회사의 일급비밀을 넘겨주거나 전직을 조건으로 국가적인 첨단 기술을 유출시키는 일이 비일비재하다. 반도체, LCD, 휴대전화 등 IT 업계에서 천신만고 끝에 개발한 기술과 함께 영혼까지 매수하는 산업스파이도 해마다 늘어나고 있다.

또한 기술을 훔쳐가는 방법도 나날이 교묘해지고 있다. 컴퓨터와 인터넷을 통해 기밀정보가 감쪽같이 새나가고 있으며 해킹을 통한 정보유출은 말할 것도 없다. 업무 향상과 발전을 위해 효자 노릇을 하던 디지털 매체가 업무를 가장 효율적으로 방해하는 배신자가 되는 순간이다.

기업들은 전산시스템에 방화벽을 설치하고 직원들이 디스켓을 개별적으로 쓰지 못하게 하기도 하고, 이메일 보안검색 프로그램을 가동하는 등 보완책을 마련하고 있지만 침입 기술은 방어 기술보다 언제나 한 수 위다.

간혹 산업스파이를 제지하기 위해 회사의 서버와 네트워크를 분리해 사내에서 외부로 정보가 나가지 못하도록 원천적으로 차단하는 기업도 있다. 하지만 이러한 지나친 제약은 업무 진행에 차질을 주는 경우도 많아서 벼룩 잡으려다 초가삼간 태우는 격이 되곤 한다.

기득권층에 대한 무차별적인 반감과 개인 재산 늘리기에 급급한 기업의 부도덕한 경영에도 일부 책임이 있다. 벤처를 세운 뒤 회사자금을 기업가의 주머니에 슬쩍 넣고 분식회계를 하는 기업은 직원들에게 딴 마음을 품게 하는 일순위 요건이라고 한다. 이러한 상황에서 해결방법은 하나다. 투명한 경영 마인드를 가져야 한다. 윤리경영은 회사를 살리고 직원들에게 책임감을 심어줄 유일한 정신적 수단이다.

1982년 타이레놀 병에 독극물을 투입해 7명이 사망했던 사건으로 위기에 직면했던 존슨앤드존슨사는 당시 언론 취재에 적극 협조함과 동시에 2억 4천만 달러의 비용을 감수하며 3천1백만 병을 수거해 폐기시켰다. 그리고 자신이 내린 결정이나 행동이 가족들에게 얼굴 붉히지 않고 설명할 수 있을 만큼 윤리에 어긋나지 않았는지 스스로 자문해 보도록 하는 제도를 시행하는 등 뼈를 깎는 윤리경영으로 소비자의 신뢰를 점차 회복시켜 나갔다.

2001년 엔론 파산 사태가 벌어진 이후 미국에서는 윤리성 검증이 본격화되고 있다. 〈파이낸셜 타임스〉와 〈비즈니스 위크〉지의 CEO에 대한 주요 4가지 평가기준에 새롭게 윤리성이 추가됐다. 재무성과와 주가가치를 높이는 단기성과와 함께 지속적인 성장과 브랜드 파워를 키우는 장기성, 그리고 글로벌화를 지향하고 강한 리더십을 보이는 혁신성 위기관리 능력에 이어 윤리성이 주요 사안으로 떠오른 것이다.

〈포춘〉지가 선정한 500대 기업의 90%는 윤리강령을 만들어 실천하고 있다. 국내에서도 IMF 당시 공정한 기업의 생존율이 높은 것으로 조사된 것을 보면, 윤리경영 자체가 곧 기업의 이미지이자 경쟁력이라는 점을 이제야 느끼고 있는 듯하다. 이 기업들은 직원 행동수칙을 정하고 내부 고발제를 활성화하며 비리를 시스템적으로 없애기 위한 시도를 하고 있다.

얼마나 많이, 얼마나 빨리 벌어들였는가 하는 것이 성공신화가 되는 현시점에 양심의 의리를 지키는 것은 자신을 차별화시키는 아날로그의 마술이 된다.

돈과 명예 중 선택을 하라고 하면 대부분의 기자들은 당연히 명예를 선택한다. 나는 경제부 기자시절에도 주식을 사본 적이 없다. 기업 내부 정보나 시장의 흐름에 가까이 접근할 수 있는 업계 출입기자가 아니어서 일명 돈이 되는 정보를 접하지 못했다. 하지만 알려고 들면 알 수 있는 자리이기도 했다. 그래도 나는 경제부에 있다는 사실만으로도 주식을 하지 말아야 한다는 의무감에 쌓여 있었다. 어떤 기사를 쓰든지 내 자신에게 만족할 수 있는 정신적인 책임감은 그렇게 물질적인 욕심을 버리면서 채워졌던 것 같다.

촌지도 마찬가지다. 정치부 기자시절 일이다. 1997년 대선경선 때 당내에서는 촌지를 주면서 기자와 대선후보 캠프간의 돈독한 연대를 구축하고 싶어하는 보좌진들이 있었다. 서로 매일 만나고 이야기하는 사이에 불쑥 손에 쥐어 주는 촌지는 고민을 두 배로 키운다.

기자로서 촌지를 받으면 안 된다는 원칙 덕분에 한 사람은 봉투를 내밀고 또 한 사람은 도망가는 촌극이 볼 만하기도 하지만, 다시 돌려줄 때의 미묘한 분위기는 정말 두 번 다시 경험하고 싶지 않은 순간이다. 받는 자체도 생리에 맞지 않고 촌지를 돌려주는 순간 '이 기자는 언제든 우리에 대해 비판적인 글을 쓸 수 있겠구나'라는 의심과 불신의 시선이 느껴지기 때문이기도 하다. 게다가 촌지를 받지 않는 기자에게는 고급정보를 차단하거나 따돌리는 현장을 목격한 적도 있다. 지금은 시절이 좋아져서 예전의 관행들은 많이 사라졌다. 촌지 없이는 힘들 것 같던 기자 포섭은 이젠 촌지를 주면 사단이 나는 분위기로 바뀐 것이다.

기자생활을 하면서 나는 투철한 기자정신을 갖고 있는 선배를 본 적이 있다. 아직도 그 선배를 생각하면 가슴 한구석이 든든하다. 몇 년 전 정치부에 있던 Y선배는 밥을 얻어먹기보다 사는 것에 익숙했던 사람이다. 어쩌다 누가 밥을 산다 하더라도 5천 원 이상 하는 밥은 절대 얻어먹지 않았다. 그래서 그의 점심 메뉴는 늘 설렁탕 아니면 수제비였다. 심지어 추석선물을 받을 때도 딸깍발이 기질은 여전했다. 그 선배는 누구에게든 '김' 아니면 받지 않았다. 갈비나 굴비는 보낸 사람에게 돌려 보내거나 배달한 사람의 차지가 되곤 했다. 그런 그의 기사를 보면 항상 거침이 없고 당당하다. 바닥이 보이지 않는 그의 도덕성이 든든한 뒷심으로 작용하고 있는 것이다.

나는 기자시험에서 면접관으로 들어갈 때 똑똑한 사람보다 올바른 사람을 찾는다. 중용을 아는 사람은 일을 배우는 속도가 더딜지 몰라도 장기적으로 볼 때 자신의 능력을 개발하고 회사에도 기여를 하는 인재가 된다. 돈으로 능력을 평가받고 싶어하거나 자신의 지적 능력을 과신하는 사람이 조직에 위화감을 주고 팀 분위기를 망치는 경우를 나는 수없이 봤다. 그에 반해 도덕성에 충실한 사람은 디지털 사고의 발상에서 가장 취약한 '신뢰'라는 결정적 보물을 갖고 있다. 양심에 대한 의리, 도덕성은 유혹과 시험이 거듭될수록 빛이 나는 아날로그적 자산이다.

Analog mind Control

돈이 인격이 되는 디지털 시대. 돈을 위한 변칙과 배신 그리고 기술을 매수하는 산업 스파이가 득세하는 시대에 양심은 당신을 돋보이게 하는 아날로그적 자산이다. 양심의 마술을 기억해라. '신뢰'의 빛으로 오래도록 당신을 빛나게 할 것이다.

7. 겸손의 미덕을 발휘해라

골프에서는 홀컵에 가까울수록 고개를 들면 뼈아픈 실책을 저지르게 된다. 퍼팅과 그린 주변에서의 어프로치 샷에서는 일명 헤드업하지 말 것을 사람들은 누누이 충고한다. 팔과 몸이 함께 들려 공을 제대로 맞출 수 없을 뿐 아니라, 공이 한번 엉뚱한 데로 튀면 이미 그린에 가 있는 사람들을 한동안 기다리게 해야 하고, 혼자 분주히 뛰어다니며 수습해야 하는 뒤늦은 낭패로 이어지기 때문이다.

인생도 이와 비슷하다. 목표지점에 가까울수록 고개를 숙이는 '겸손함'이 중요하다. 자칫 거의 다 왔다는 안도감과 만족감에 고개를 뻣뻣이 들다가 의도한 방향과 90도 이상 틀어지는 엉뚱한 인생의 미스 샷으로 뒷감당을 할 수 없는 난감한 상황에 빠질 수도 있다.

실적이 좋으면 견제와 질시가 따라오게 마련이다. 그래서 성공할수록 겸손하고 헌신적인 태도를 유지해야 한다. 낙관과 자족을 경계하는 겸손은 자신의 수명을 늘리고 조직의 수명도 연장하는 지름길이다. 겸손을 강조하는 기업의 예로, 삼성을 들 수 있다. 삼성전자는 매년 초 조직원들에게 '올해가 위기'라고 말한다. 실적을 보면 정말 잘나가는데 말은 항상 '진짜 올해가 창사이래 최대 위기'란다. 잘나갈 때일수록 조직 내에 위기감과 겸손함을 주지시키는 고도의 정신훈련 덕을 이 기업은 매년 톡톡히 보고 있다.

사람과 만날 때는 위계의 계급장을 떼야 한다. 카리스마와 만만하게 보일 수도 있는 친근감의 경계에서 고민하는 사람이 있다면, 나는 주저 없이 겸손의 미학을 택해 보라고 추천한다.

주식투자의 귀재 워렌 버핏은 얼마나 검소하고 겸손한가를 투자대상 결정의 기준으로 삼았다고 한다. 짐 콜린스의 〈좋은 기업을 넘어 위대한 기업으로〉를 보면 킴벌리클라크의 CEO 스미스를 얼굴 붉히는 수줍음의 미덕의 소유자로 거론했다. 이처럼 겸손이 미치는 따뜻한 여파는 주위에서 적지 않게 찾아볼 수 있다.

팬택의 이성규 사장은 인터뷰를 잘 하지 않기로 소문난 CEO 중 한 명이다. 기자들이 간혹 인터뷰를 하게 돼도 말수가 적어서 별 신통한 대답을 건지지 못하기 일쑤다. 삼성 애니콜 신화의 주인공인 그는 박병엽 팬택 계열 부회장이 삼고초려가 아닌 십고초려로 영입했다는 화제 속의 스타 CEO지만, 머쓱하면 애꿎은 술잔만 들이키는 그에게서 자신에 대한 공치사를 들어본 적은 없다.

그는 전자공학을 전공했지만 자연과 취미생활에 심취해 지낸 탓에 전공을 불문에 붙이는 회사를 선택했다고 말한다. 그리고 삼성전자에서 승승장구하고 있을 때 그는 유서를 써본 경험이 있다고 했다. 치열한 경쟁의 삶에 종지부를 찍고 함께 공존하는 삶을 살고 싶었기 때문이란다. 그는 지금 자신의 위치를 보이지 않는 힘이 버티어 준 '운'으로 돌리거나 '서로가 공존하는' 배에 실려 내려온 자연주의로 귀결시키고 있다. 그리고 말을 많이 하지 않는 대신 상대방의 이야기를 주의 깊게 듣고 인생과 사업의 아이디어로 끌어올린다. 그의 휴가는 요란한 취미 대신 집에서 사색하는 것이 전부이다. 디지털의 표상인 IT 기업에서 결정은 사색을 통해서, 사람과의 만남은 철저히 겸손으로 임하는 그는 디지털 시대를 이끄는 아날로그적인 리더 중 한 명이다.

2000년까지 〈포춘〉이 선정하는 존경받는 기업 2위에 올랐던 시스코의 CEO 존 챔버스는 회사의 모든 정보와 상황은 인터넷에 내장돼 있기 때문에 신속하고 정확하게 내부 사정을 파악할 수 있다고 말하곤 했다. 그러나 2000년 부품이 심각한 수준으로 부족하다는 사실을 뒤늦게 알아차린 후 이를 확보하기 위해 부랴부랴 부품을 대량으로 사들였다. 그러나 곧이어 미국 전역을 휩쓴 불경기는 존 챔버스의 발목을 잡는 장애물이 됐다. 상품은 생각한 대로 팔려나가지 않았고 재고가 쌓여 결국 220억 달러의 손실을 입게 됐다. 2001년 시스코의 주가는 10분의 1로 폭락했다. 이미 벤처라고 하기엔 대기업처럼 커진 시스코의 자만심과 갈지자걸음은 항상 몸을 낮추고 대비하는 자세가 얼마나 중요한지 보여주고 있다.

겸손의 미덕과 함께 힘들 때일수록 희망을 이야기하는 것이 중요하다. 사실 뉴스에선 죽고 다치고 사기치고 모함하는 내용이 등장해야 시청률이 높아진다. 시청률의 유혹 때문에 이러한 내용들이 계속 뉴스의 대세를 차지하고 있지만, 나는 뉴스를 통해 아직 세상엔 희망이 살아 있음을, 그리고 상처받은 세상을 함께 위로할 이웃이 많다는 사실을 전하고 싶다. 방송기사가 다루지 못했던 사연, 시간 관계상 짧게 보도되었던 희망의 소식을 다룬 마감뉴스 클로징 멘트를 몇 가지 소개한다. 내용은 다음과 같다.

"의약계에 보고된 몸무게가 가장 적게 나가는 미숙아. 희망이와 사랑이 자매의 건강한 모습이 생후 한 달 만에 공개되었습니다. 태어날 때 몸무게 434g, 최경량급이지만 그들이 주는 기쁨은 헤비급입니다. 그 강인한 생명의 의지, 다른 미숙아 부모와 이 세상에 그 이름 그대로 희망이 되어 주길 소망합니다."(2004년 2월 20일)

"민족의 성웅으로 불리는 충무공 이순신 장군의 1576년 그러니까 500년 전 무과시험 성적이 공개됐는데, 예상과는 달리 전체 29명 중 12등에 불과한 중간 수준 정도였다고 합니다. 혹시 오늘 어깨 처질 일이 있으셨다면 낙심하지 마시기 바랍니다. 역사에 남는 건 성적순이 아님을 충무공이 증명하고 있지 않습니까? 편안한 노동절 휴일 보내시기 바랍니다."(2003년 5월 1일)

경쟁 위주의 사회, 1등만이 살아남는 사회에서 우리는 어느새 1등을 제외한 나머지 사람들의 가치와 존재를 잊고 살아가고 있다. 촛불은 자신의 몸을 태워 빛을 내는데 타는 초는 외면한 채 그 환한 빛에만 열광한 것은 아닌지 스스로 되묻게 된다.

희망을 이야기할 줄 아는 자세는 사람들과 함께 나누고 싶은 마음에서 온다. 이 같은 마음은 성공을 이끌어가는 사람, 성공하고 싶은 사람들의 삶의 자세가 겸손으로 무장할 때 가능하다. 낮은 울타리로 무장하고 희망을 이야기할 수 있는 미래의 주역이 많이 탄생했으면 좋겠다.

Analog mind Control

겸손의 미덕을 발휘해라. 상대방을 설득할 수 있는 가장 효과적인 무기다. 그리고 희망을 이야기하라. 겸손한 당신이 주는 희망의 메시지는 당신과 함께 설 지지자를 늘려 줄 것이다.

8. 손해본다는 느낌을 즐겨라

쉽고 빛나는 일만 하다 보면 정신은 무디어진다. 누군가에게 도움이 되는 일이라면 힘든 일이라도 기꺼이 나서 주고 인간적 신의를 위해 양보할 수 있는 미덕을 발휘할 수 있어야 한다.

대의를 위해서 궂은일을 마다하지 않고, 목숨을 건다는 자세로 최선을 다하면 더욱 소중한 결실을 맺을 수 있다.

나는 스탠포드대학에 9.11테러 이틀 전에 도착했다. 테러 당일 아침, 시차적응도 안 되고 여독도 풀리지 않아 잠에서 깨어나지 못하고 있는데 전화벨이 울렸다. "지금 뉴욕 좀 가줘야겠는데." 국제부 선배였다. 무역센터가 무너졌다는 이야기에 나는 농담조로 "에이, 설마… 좀 부서진 거 아니에요?"라고 말하면서 TV를 켰다. 그런데 눈앞의 TV에서는 믿을 수 없는 장면이 펼쳐지고 있었다. "너 혹시 알카에다 친척 아니냐? 어떻게 테러 전날에 미국에 가 있냐. 당장 특파원으로 떠나라." 농담 반 진담 반의 선배의 이야기는 그 이후 펼쳐질 나의 험한 취재기를 예고하고 있었다. 나는 항공금지조치가 풀리자마자 워싱턴행 첫 비행기를 탔다. 아랍과 아시아계 사람들에 대한 분위기가 좋지 않은 탓에 탑승 전 검문은 험악한 수준이었다. 게다가 비행에 대한 공포로 250명을 태울 수 있는 비행기에 승객은 70대 할머니와 나 둘뿐이었다.

테러를 당한 여객기가 한결같이 새벽 첫차였기 때문에 아무도 타고 싶지 않았을 것이다. "나는 다 살았다 칩시다. 그런데 아가씨는 뭐유?" 텅 빈 여객기 안에서 한동안 나를 쳐다보던 할머니가 궁금증을 참지 못하고 입을 뗐다. "제가 좀 직업이··· 그렇습니다." 테러 공포가 좀 서슬해서 그렇지 어쨌든 전세기처럼 호사를 누린 5시간의 비행이었다.

전 세계의 특파원들이 상주하는 워싱턴 프레스센터는 미 국회의 사당과 백악관 사이에 위치하고 있어서 취재하기에 지리적인 이점이 많았다. 그러나 그런 생각도 잠시였다. 특파원 사무실에 도착한 지 얼마 되지 않아 만난 현지 정보기관 요원이 '친절하게' 알려준 정보 때문이었다. 오사마 빈 라덴의 알카에다 요원들이 추가로 저울질하고 있는 테러 대상 1순위에 프레스센터가 오르내리고 있다는 것이다. 이슬람의 적국인 미국의 이데올로기를 세계에 앞장서서 전파하는 곳이기 때문이라고 한다. 내가 하루 16시간을 일하는 곳이 다음 공격 대상이라니… 믿을 수 없었다.

프레스센터는 의회 바로 옆에 있기 때문에 미국 입법부의 심장부를 가격할 수도 있다는 상징적 메시지를 전달할 수 있는 위치였다. 또한 대로를 접하고 있어 자살 폭탄트럭이 달리다 바로 돌진하기도 쉬웠다. 그런 상황에 때마침 미국 남동부에서 다량의 TNT폭탄이 도난당했다는 소식을 접했다. 테러의 가능성은 내 옆에 바짝 다가와 있었다.

심지어 얼마 후 미국 백악관과 국무부, 법무부, 대법원, 월터리드 육군병원, 그리고 ABC, NBC 할 것 없이 미국의 주요기관에는 누가 보냈는지 알 수 없는 치명적인 탄저균이 배달됐다. 한달간의 잠복기를 거쳐 하루 이틀 안에 목숨을 빼앗아가는 치사율 높은 탄저균에 미국의 3부와 언론기관이 유린당하듯 뚫렸다. 탄저균 편지를 취급했던 배달원과 편지를 받은 사람들이 잇따라 숨졌다. 눈에 보이지도 않고 냄새도 없는 백색의 공포는 미국 전역을 다시 한번 심리적인 공황에 빠뜨렸다. 그러던 중 프레스센터 바로 옆의 의회 상원과 하원건물에도 탄저균이 배달됐다. 민주당 대슐 상원의원 앞으로 전달된 탄저균이 들어 있는 편지의 발신날짜는 무역센터 테러가 발생했던, 바로 9월11일이었다. 단 한 장의 편지로 사무실에 있던 보좌관 50명 중 절반 이상이 탄저균에 감염됐고, 의사당을 출입했던 한 여기자도 양성판정을 받았다. 의사 일정은 중단됐고 의회는 폐쇄됐다.

그런데 내가 가야 할 곳이 바로 그 의회였다. 의회 건물 주변엔 마스크와 두툼한 옷으로 무장한 검역당국 요원들이 방제작업을 벌이고 있었다. 공기 중에 섞여 있어 일단 한번 들이마시는 것만으로도 충분한 치사량이 되는 탄저균이 떠다니는 곳, 그 죽음이 오가는 현장을 목전에 두며 취재를 했다. 그리고 그날 다룬 내용은 유일하게 현장을 담은 방송으로 국내 전파를 탔다.

그러나 문제는 이틀 뒤에 터졌다. 갑자기 머리에 열이 나기 시작하더니, 기침과 함께 목에 통증이 느껴지기 시작했다. 처음에는 한 달 가까이 밤을 새우다시피 한 강행군 탓일 거라고 생각했다. 그런데 인터넷으로 확인한 탄저병의 초기 증세와 나의 증상이 어김없이 일치하고 있었다. 탄저병은 초기에 감기와 별 차이가 없어서 많은 사람들이 그다지 신경 쓰지 않고 무심하게 지나친다는 것이다.

'전장에 바친 취재혼, 결국 쓰러지다', '눈이 시리도록 아름다웠던 그녀의 투혼은 우리 가슴속에 영원히 살아 있을 것이다'는 등 특종을 건졌다고 함께 웃었던 선배들은 그러나 내 증상이 며칠 동안 가라앉지 않자 진지하게 병원 이야기를 꺼냈다. 한 달 뒤 판명난 나의 증상은 감기였다. 세상에 태어나 감기에 걸린 것을 그렇게 좋아해 본 적도 없었던 것 같다.

포탄이 오가는 사막의 전쟁터가 아닌, 눈에 보이지 않는 적들과 싸워야 했던 테러의 전장. 워싱턴에서의 취재는 목숨을 걸 만한 가치가 있었다. 외국의 통신사나 언론사에 의존하지 않고 우리의 시각으로 전쟁의 실상을 보여줄 수 있기 때문이었다. 전쟁터에서 폭탄이 터지면 사람들은 도망가기 마련이지만 종군기자는 폭탄이 터진 곳을 향해 무의식적으로 달려간다. 현장의 분위기를 직접 보고 듣고 피부로 느끼며 내 느낌으로 사실과 진실을 전달해야 하기 때문이다. 그래서 종군기자의 사망률을 높일 수밖에 없는 것이 전쟁취재이지만 워싱턴에서의 기억을 되살리면 뿌듯함이 절로 든다. 나 아니면 누구도 보지 못했을 현장을 지키기 위해 뛰어든 희생은 겪고 난 뒤가 아니면 그 보람을 모른다.

인간 관계도 마찬가지다. 사람을 얻는 일이라면 조금 손해를 봐도 괜찮다. 그리고 양보할 줄도 알아야 한다. 오랜 시간 마음의 빚을 지니고 있을 때의 무거움은 다음 일을 할 때 발목을 잡는 족쇄로 작용할 수도 있다.

나는 빼앗고 쟁취하는 기자생활에서 무작정 주고 또 비워서 채우게 되는 행복을 맛볼 줄은 몰랐다. 2001년 아침뉴스 중간에 유명인사와의 인터뷰 코너가 있었다. 나는 당시 이베이 CEO 맥 휘트먼을 시작으로 히딩크 감독, 박세리 선수, 이봉주 선수에 이어 영화 '친구'의 곽경택 감독까지 사람들의 관심을 끄는 인물들과의 인터뷰로 많은 화제를 낳고 있었다. 일 분짜리 기사에 다 담을 수 없는 인사들의 속 깊은 사연이 전파를 타면서 시청자들의 호응도 좋았다.

여세를 몰아 회사에서는 이회창 총재와 각을 세우며 신당 창당의 미묘한 분위기를 뿌렸던 모 의원과의 단독 인터뷰를 제안했다. 당시는 대선을 한 해 앞두고 전술적 발언과 전략적 연대가 모색되던 때였다. 그래서 어떤 것을 질문하든 기사가 되는 시점이었다. 정치부 기자 시절 안면이 있던 의원이었기에 나는 주저 없이 받아들였다. 그런데 인터뷰 당일 한 의원을 만나기 위해 찾아간 곳에선 전혀 예상치 못했던 사람이 나를 반겼다.

"어… 네가 웬일이야?" 약속시간보다 일찍 들어간 사무실에서 나를 맞은 건 모 의원이 아니라 보도국의 Y선배였다. "웬일이세요?" 놀라움은 이내 반가움으로 바뀌었지만 마냥 즐길 만한 상황이 아니었다. 선배 역시 인터뷰를 하기 위해 와 있었던 것이다. 공교롭게도 내가 먼저 의원을 만나고, 그 이후로 선배가 인터뷰하도록 스케줄이 잡혀 있었다. 물론 서로 다른 프로그램에 인터뷰가 나가겠지만, 한 사람을 두고 한 회사에서 비슷한 내용으로 묻고 방송하는 상황은 지극히 어색한 일이었다.

인터뷰 진행상황을 체크하기 위한 부장님의 전화에 사정을 얘기하고 정리를 부탁했다. "저쪽 부서와 협의를 끝냈다. 그냥 네가 해라." 짤막한 답변이었지만 한동안 막막했다. 앞에 앉아 있는 선배는 이미 나보다 훨씬 오래 전에 섭외를 해온 듯했다. 야심차게 기획하고 추진하던 그에 비하면, 나는 손쉽게 섭외하고 편하게 인터뷰 계획을 구성한 터라 굴러들어온 돌이 박힌 돌 빼내는 듯한 기분 때문에 마음이 가볍지 않았다.

그 인터뷰는 기자 경력으로 보면 명예로운 일이 될 수 있었다. 하지만 나는 그 방에서 그냥 나왔다. 이 인터뷰는 기자생활의 전기로 삼기 위해 나보다 더 많은 공을 들인 선배에게 돌아가야 한다고 생각했다. 가능성과 기회의 전장에서 굳이 먼저 땀 흘렸던 선배를 딛고 가야 할 이유를 나는 찾지 못했다. 별일 아닐 수도 있지만 회사의 지시를 정면으로 거부한 것은 처음 있는 일이었다. 나는 회사를 설득해야 했다. 작은 해명 하나에 소심하다거나 너무 유약하다거나 혹은 일에 대한 자신이 없어서일 거라는 등 수백 가지 해석이 주렁주렁 달려 나오는 곳이 방송국이다. 그래도 어쩔 수 없었다. 나는 선배가 하는 것이 맞는 것 같다며 간곡하게 이해를 구했다.

선배들의 의아함이 얼굴에 꽂혔다. 몸을 날려 취재원에게 마이크를 들이대고 병풍 뒤에서 회의를 녹취하던 저돌적인 성격의 내가 조용히 다가와 처음으로 취재를 거부하자 다들 놀라는 눈치였다. 그러던 중 한 선배가 내게 "그래, 너도 져줄 때가 있구나. 잘했다!"라며 어깨를 쳐주었다. 복잡했던 감정과 불편했던 마음의 짐이 한꺼번에 풀렸다. 물론 내가 양보한 인터뷰를 선배는 멋있게 해냈다. 회사 내에서도 특종성 보도로 좋은 평가를 받았다. 이 일로 나는 특종은 놓쳤지만 선배에게는 부끄럽지 않은 당당함을 보여줄 수 있었다. 일보다는 사람이 아름답다는 진리가 새삼 새겨졌다. 그 일이 있은 후, 내게는 요행처럼 더 큰 인터뷰가 꼬리를 물고 나타났다. 허공의 선물인지 운인지 알 수 없었지만 어쨌든 감사히 받았다.

사회생활을 하다 보면 하기 싫어도 해야 하는 일들이 생긴다. 이

때는 피할 수 없으면 즐기면 된다. 2003년 3월 12일, 새벽 4시 57분. 조용했던 보도국에 갑자기 사이렌이 울리기 시작했다. 국제부에서 야근을 하던 나를 포함해 보도국을 지키고 있던 기자와 스태프 수십 명은 영문을 모른 채 서로 얼굴만 바라보고 있었다. "빨리 누가 7층으로 뛰어가!" 편집부에 있던 한 선배가 이렇게 외쳤다. 5시 라디오 뉴스를 할 아나운서가 7층 부스에 나타나지 않았다는 것이다.

새벽 이슬을 맞고 나온 운전자가 첫 뉴스에 귀를 기울일 5시. 시보와 함께 '뚜우~' 하는 묵음만 나간다는 것은 방송인들에겐 평생 만나고 싶지 않은 공포다. 4시 58분이 되자 남아 있는 기자들이 눈으로 서로를 밀어내기 시작했다. "네가 가.", "선배가 해요. 선배잖아요.", "아무나 해도 돼. 네가 해." 유독 뉴스가 많이 터져서 전날 밤부터 9시간을 꼬박 밤을 새운 우리는 모두 탈진 직전이었고, 목소리도 말이 아니었다.

당시 경제부 기자였던 나는 앵커 경력이 있어도 라디오 뉴스 진행은 부서가 달라서 단 한번도 해본 적이 없었다. 결국 정말 방송사고가 날지도 모르는 상황에 이르렀다. 나는 라디오 뉴스부에 있는 원고를 들고, 5층에서 7층까지 한걸음에 뛰어올라갔다. 복도 끝 라디오 부스 앞에서 기술진이 초조하게 발을 구르고 있었다. 그들이 열어놓은 스튜디오로 몸을 날리며 뛰어들어간 지 5초도 안 돼 시보가 울렸다. 앞이 노래지면서 숨은 턱까지 차올랐다. 그러나 유리창 너머 기술진은 전파를 메울 구세주의 출현에 안도하며, 두 손을 모으고 나의 목소리를 기다리고 있었다. 그 순간 나는 산소가 뇌로 공급되지 않는다는 것이 어떤 것인지 절절하게 실감했다. 단 한번만이라도 숨을 들이마시고 싶은데, 말은 계속해야 하고 숨은 계속 내쉬어야 했다.

뉴스를 진행하는 10분 동안 남아 있는 숨은 바닥을 드러내고 있었다. 한 기사를 다 읽고 다른 기사를 읽기 전에 한숨이라도 들이마시기 위해 손으로 입을 막고 숨을 쉬었다. 고통스러웠던 뉴스 진행을 마치고 내려오자 보도국에서 숨죽여 가며 라디오를 듣고 있던 살아남은 자들은 격려 반, 웃음 반으로 뛰쳐나간 희생자를 위로했다. 지금도 그때 상황을 떠올리면 아찔하기도 하고 웃음이 나기도 한다. 어설픈 라디오 뉴스 진행이었지만 동료 아나운서를 위해 무언가 해 주었다는 사실이 위안이 됐다. 일이나 사람으로 인해 손해본다는 느낌이 들더라도 기꺼이 감수해 주는 미덕을 발휘할 수 있는 사람이 되자. 그런 손해는 두 배의 보람으로 세 배의 기쁨으로 되돌아온다.

Analog mind Control

열정과 사람을 얻는 일이라면 내가 소중하게 생각한 것을 양보해 보자. 손해를 보는 것 같은 일에서 생각지 못한 기쁨을 얻고 인정을 받게 될 것이다.

9. 자선은 마케팅이 아니다

GE, 월마트, 델, 마이크로소프트, 도요타, 캐논, P&G, 존슨앤드 존슨, Fedex, IBM 등. 이것은 〈포춘〉지가 2005년, 선정한 세계에서 가장 존경받는 10대 기업의 명단이다. 〈포춘〉의 기업선정 기준에는 혁신성, 재무건전성, 경영능력 외에 사회적 책임이행 부분이 비중 있게 오르내리고 있다. 사회공헌 활동과 사회적 책임을 다하는가가 빠지지 않는 평가대상이 되고 있는 셈이다.

GE는 엘펀(Elfun), 즉 기업 자체적으로 운영하는 자원봉사 조직을 세계 각국을 대상으로 가동시키고 있다. GE의 임직원은 물론이고 그의 가족과 퇴직자까지 엘펀을 통해 자원봉사에 참여하고 있다. 마이크로소프트는 직원들의 기부활동을 촉진시키기 위한 기빙

매치(Giving Match) 프로그램을 통해, 직원들의 기부 액수만큼 회사에서도 기부금을 보태고 있다.

일본에서는 CSR(Corporate Social Responsibility, 기업의 사회적 책임)을 통해 고객과 주주, 종업원, 거래처, 지역사회로부터 존경을 받는지 여부를 중시한다. 2003년 일본에서 처음으로 비영리단체 '유럽 CSR'에 가입한 도요타는 여성이 안심하고 일할 수 있도록 탁아시설을 만들고, 이해 관계가 전혀 없는 변호사 사무소와 계약을 맺어 사원들이 회사생활에서 불합리하다고 생각하는 점을 익명으로 전화해 상담할 수 있도록 주선하고 있다. 종신고용을 전면에 내세우고 있는 캐논은 복사기와 필터의 토너 카트리지를 회수하는 재활용 사업을 업계 최초로 실시하는 등 '환경보존'이라는 회사의 이념을 고수하고 행동으로 옮긴 덕에 일본에서 존경받는 기업으로 손꼽히고 있다.

'매연 없이 잘 나가는' 친환경 자동차는 세계 자동차 업계를 휩쓸고 있는 21세기형 화두다. 도요타의 CEO 초 후지오가 자동차 문제를 해결할 대안으로 내놓은 하이브리드카 프리우스는 2004년 전 세계 누적 판매량 32만 대를 넘겼다. 도요타 전체 판매의 5%를 웃도는 수준으로, 연료전지차의 혼다와 함께 일찌감치 미국 시장을 점령하고 있다.

국내의 경우도 예외는 아니다. 현대기아차는 장애인용 전동 리프트업 시트와 휠체어 탑재용 윈치 크레인 등으로 교통약자의 이동권을 보장하는 복지차를 시판한다.

기업에서는 제품으로 사회에 대한 책임을 보여주는 것 이상의 마케팅이 없다. 공익과 개인적 이익을 극대화하는 벤덤의 논리가 300여 년 후에 현실화되고 있는 셈이다.

기부에 대한 적극적이고 긍정적인 인식이 우리 사회에 확산되면서 기업들이 이를 놓칠 리 없다. 바쁜 1년 중 의무감처럼, 추운 이웃들을 돌아보자는 분위기가 확산되는 연말연시에는 소비자들의 넉넉해지는 심리를 겨냥해 기업들의 자선마케팅이 가장 활발해진다.

2002년 12월. 이동통신 3사가 결핵환자 돕기 서비스를 시작했다고 대대적인 홍보전을 벌인 적이 있다. 휴대전화에서 크리스마스 실을 사면 그 돈을 결핵협회에 기부한다는 내용이었다. 초등학교 때 연말마다 학교에서 사곤 했던 크리스마스 실을 휴대전화를 통해 구입하고 문자메시지나 초기화면에 올리는 감각적인 아이디어가 소비자들의 호응을 얻었다.

그런데 어려운 이웃을 돕겠다는 말은 시간이 흐름에 따라 주객이 전도되었다. 실제로 S회사는 100원어치가 팔리면 회사에서 100원을 더해 실 하나당 200원씩 결핵협회에 기부했다. 그러나 다른 회사들의 경우 건당 70원씩만 기부하고 나머지 수익은 크리스마스 실 제작사와 나누어 가졌다. 실 하나에 비싼 것은 350원짜리도 있어서 자선사업을 내세워 적잖은 수익을 챙기고 있는 셈이었다. 그래서 50일 동안 요란하게 자선마케팅을 외친 그 회사가 결핵협회에 건넨 수익금은 단돈 7만 원 밖에 되지 않았다. 어려운 이웃을 돕겠다는 명목으로 회사의 이미지는 올라갔겠으나 정작 수혜를 받아야 할 주인공들은 소외되고 있었다. 그래서 나는 뉴스데스크를 통해 나눔의 구호 속에 자선마케팅이 추운 이웃을 더욱 춥게 만들고 있다는 리포트를 내보냈다.

문제는 기사가 나간 뒤에 터졌다. 기자로서는 기부의 허상을 파헤친 기사라고 자부했는데 타격은 이동통신 거인들이 아니라 약한 결핵협회가 받았다. 기사를 접한 소비자들이 자선마케팅에 거부감을 갖게 되자 관련 회사가 결핵협회와의 이벤트를 폐지하겠다고 협회 측에 으름장을 놓았다. 신문 광고를 보고 우연히 생긴 궁금증으로 취재를 시작했고, 취재 요청에 난감해하는 결핵협회를 대상으로 환자들의 건강이 달린 문제라고 설득해 어렵게 자료를 얻어내 만든 기사였는데, 마치 결핵협회를 폭로한 것으로 오해가 생겼던 모양이었다.

구매력을 갖춘 소비자에게 접근하기 위해 구색을 갖추어놓고 생색을 낸 뒤, 정작 약자에게는 싸늘한 대기업의 횡포에 씁쓸해졌다. 혹시 마케팅이 취소되면 다시 연락을 해줄 것을 결핵협회에 부탁했다. 자기식 대로 편한 기업의 논리와 그 때문에 마음의 병이 더 깊어질 환자들의 상황을 후속기사로 쓰겠다는 생각이었다. 그런데 며칠 뒤 부서가 바뀌면서 더 이상 경제뉴스를 다루지 못하게 됐다. 매년 연말이 되면 그때의 기억에서 자유롭지 못한 나는 무거운 마음의 빚을 갚을 길을 찾는다. 함께 사는 세상, 왜 더 크게 보고 크게 쓰지 못할까. 소탐대실일 텐데도 기업은 소소한 이익에 매달리다가 결국 기업의 이미지에 상처를 입고 만다. 기부는 말 그대로 기부여야 한다. 올바른 기부문화 정착을 위해서는 기부가 마케팅으로 활용되는 일은 없어야 한다.

기업이 이익창출의 근원이 돼 준 사회에 그 부를 환원하는 모습은 우리 시대 공존의 법칙이다. 자신의 것을 서둘러 챙기지 않으면 언제 변화의 속도에 뒤처질지 모르는 초고속 경쟁 시대에 자신의 이윤을 나누어 주는 기업, 소비자에게 배려와 혜택이 돌아갈 기업의 제품에 손이 가는 것은 당연한 귀결이다.

이에 따라 CEO를 평가하는 기준도 달라지고 있다. 가시적 성과와 함께 환경문제를 해결하는데 기여한 정도와 사회공헌 여부가 CEO의 또 다른 성공요건이 되고 있다. 〈비즈니스 위크〉지가 최대 기부 CEO 50명의 명단을 발표하고, 환경부와 〈매일경제신문〉이 매년 환경 CEO를 선정해 특별상을 시상하는 것도 이러한 변화를 입증해 주고 있다.

월마트는 미국 기업 중에 가장 많은 1억 5천 6백만 달러를 사회공헌기금으로 기부해서 주위를 놀라게 했고, 마이크로소프트의 빌 게이츠는 파격적인 자선활동으로 독점기업의 부정적 이미지를 누그러뜨리는 작업을 벌이고 있다. 2000년 1월 부인과 공동으로 빌 앤 멜린다 재단을 세운 뒤 우리나라 돈으로 25조 원에 달하는 기금을 출연하여 개발도상국의 질병 치료와 교육발전, 도서관 확충을 지원하고 있다.

물론 막대한 부의 사회환원에는 우리의 소득공제 제도보다 더욱 강도 높은 소득세공제라는 세제혜택이 유인책으로 작용하고 있을 것이다. 예를 들어 1만 원을 벌어 1천 원을 기부했을 때 나머지 9천 원에 대한 소득세가 대략 10% 정도에 해당해 900원을 세금으로 걷어들여야 한다면, 이미 기부된 1천 원이 900원 소득세를 넘긴 만큼 소득세를 따로 받지 않기 때문이다. 이같이 기부가 실속 있고 돈 되는 동기부여에 따른 것이라는 주장을 100% 수용한다 해도, 미국 모든 부호의 기부행위를 계산적으로 파악하기엔 우리가 좀더 귀를 기울여야 할 예가 아직 많이 남아 있다.

소비자는 상품만 보고 사는 것이 아니다. 기업의 CEO가 하나의 브랜드로 정착되고 있는 만큼 상품을 고를 때는 CEO의 이미지도 구입하게 된다. 디지털 시대, 기부라는 아날로그적인 덕목의 구현은 복제될 수 없는 저력으로 당사자를 돋보이게 할 것이다.

Analog mind Control

사회공헌 활동과 사회적 책임은 잇속을 챙기기 쉬운 디지털 시대의 아날로그적인 공존법칙이다. 나눔의 기쁨은 그래서 더욱 돋보인다. 하지만 그 마음이 순수하지 못하면 오히려 상대방에게 상처가 되는 것처럼 사회공헌을 위한 기부를 함부로 마케팅이나 광고의 수단으로 사용해선 안 된다는 점을 명심하자.

3 Chapter

아날로그 성공 매뉴얼

Step 1 정보관리 / Step 2 시간 및 대화관리 / Step 3 자기관리

어떻게 하면 아날로그 마인드로 무장할 수 있을까?
디지털 시대에 새로운 경쟁력을 확보하고 싶다면 아날로그식 접근법을 활용해라.
아날로그 마인드에 입각한 정보와 시간관리
그리고 실생활에서 아날로그로 무장할 수 있는 자기관리 노하우를 소개한다.

Step 1 정보관리

1. 차별화된 일촌 정보를 파악하라

언젠가부터 우리는 '일촌'이라는 단어에 익숙해졌다. 일촌이 우리에게 익숙해진 것은 무엇보다 싸이월드라는 인터넷 커뮤니티 때문이다. 싸이월드 회원 수가 1천6백에 이른다고 하니 그 영향력을 가히 짐작할 만하다. 싸이월드가 인기를 끄는 이유는 디지털 문화와 아날로그 문화가 적절히 조화를 이루고 있기 때문이다. 주체적으로 콘텐츠를 생산하는 젊은 세대의 트렌드와, 사람들과의 관계를 더욱 돈독하게 해주는 다양한 감성 코드가 만나 시너지 효과를 내고 있는 것이다.

일촌으로 맺어진 사람들은 수시로 서로의 방명록과 게시판에 흔적을 남기며 관계를 이어간다. 싸이월드가 성공할 수 있었던 요인은 바로 여기에 있다. 바쁜 일상에 쫓겨 전화 한 통 나누기 힘들고, 얼굴 한번 보기 어려운 관계의 틈을 일촌이라는 매개체가 열심히 채워주고 있는 것이다. 그러나 인터넷을 이용한 일촌관리는 아무래도 한계가 있다. 키보드로 두드린 텍스트가 직접 마주한 눈빛보다 나을 리 없다. 문자로 읽히는 안부와 웃음은 직접 보고 느끼는 아날로그적 감성과 교류를 절대로 따라갈 수 없다.

'일촌'은 한 집안끼리 또는 뜻을 같이하는 사람끼리 하나의 마을을 이룬다는 사전적 의미를 갖고 있다. 일촌 정보가 정확히 파악됐다면 그 대화는 위력적이다. 특히 일반적인 정보를 넘어선 사적인 정보는 영향력이 클 수밖에 없다. 친밀감으로 상대방의 감정에 호소할 수 있고, 공감대를 형성할 수 있는 폭이 넓어지기 때문이다. 따라서 가깝게 접근하고 눈으로 확인하는 일촌관리는 나의 인적 재산을 쌓아가는 근간이 된다. 디지털 정보가 놓치는 가족과 지인들의 속사정을 파악해 아날로그적인 감성으로 다가서면 내 사람으로 만드는 것은 시간문제이다.

상대방에 대한 기본적인 정보는 요즘은 누구든지 쉽고 간편하게 파악할 수 있다. 유명인사의 경우 검색창에 이름 석 자만 치면 기본정보가 줄줄이 나열된다. 하지만 나만 알고 있는 작지만 중요한 정보는 디지털 검색만으로는 얻을 수 없다. 내 안에 쌓인 발효지식만이 상대를 움직일 수 있다. 자신의 가치를 극대화할 수 있는 정보란 깊이 생각하고 몸으로 부딪히는 아날로그적 방법을 통해 이루어진다. 그리고 그렇게 얻은 작은 정보가 때론 큰 위력으로 작용한다.

2000년 시드니 올림픽 때의 일이다. 개막 전부터 사마란치 IOC 위원장에 대한 취재 열기가 뜨거웠고, 나 또한 그와의 인터뷰를 위해 위치선점을 하고 있었다. 300여 명의 기자들이 모인 특별기자회견장에서 사마란치 위원장은 간단한 인사말과 함께 인터뷰를 진행한 뒤 무대 뒤로 발걸음을 옮겼다. 어떻게든 그를 붙잡아야 했던 나는 그를 뒤돌아서게 할 수 있는 질문이 무엇일까 고민했다. 그리고 머릿속에 번쩍 떠오른 이야기가 있었다. "부인이 위독하신데 내일 개막식에 참석하실 수 있겠습니까?" 사마란치 위원장이 뒤를 돌아봤다. IOC위원들이 복도를 지나며 그의 부인이 지병으로 의식을 잃어 오늘 내일 상을 치를지도 모른다고 했던 이야기가 떠오른 것이다. 그 질문 덕택에 나는 당시 세계 기자들 중 유일하게 사마란치 위원장과 단독으로 2분간의 인터뷰를 할 수 있었다. 사람에게 관심을 갖고 주의 깊게 현장에서 얻은 정보가 빛을 본 것이다.

이렇게 위력적인 일촌 정보는 간혹 위험할 수도 있다. 가까운 일촌에 관한 정보일수록 신중함을 필요로 한다. 특히 디지털 인물정보는 실시간으로 업데이트 통보를 해주지 않는다. 그래서 대상을 만나기 직전까지 지인이나 제3자를 통해 최근 정보를 파악하는 아날로그 조사가 절실히 요구된다.

특히 남들이 잘 모르는 가족의 신변 소식일수록 더욱 그렇다. 가족의 속사정을 잘 공개하지 않는 우리나라 문화에서는 정보에 대한 확신이 들 때까지 더욱 신중을 기해야 한다. 확실하지 않다면 차라리 이야기하지 않는 것이 실수를 예방하는 길이다.

명쾌한 스타일로 신망이 두터웠던 K선배와 함께한 모임에서 있었던 일이다. 선배의 딸이 불치병과 싸우고 있다는 이야기를 그의 운전기사에게 들은 적이 있었던 터라 대화중에 선배의 딸 이야기가 나오자 놓치지 않고 거들었다. "따님은 상태가 좀 좋아지셨나요?" 순간 주변 분위기가 싸늘해졌다. 보름 전 내가 해외출장을 다녀온 사이 그는 주위에 알리지 않고 조용히 딸의 장례를 치렀다는 것이다. 나는 고개를 들 수가 없었다. 워낙 유명인사라 인터넷에 분명 부음소식이 실릴 텐데, 특별한 내용이 없어서 별탈이 없는 줄 알았다. 인터넷 정보만 믿고 일촌 정보를 파악했던 내 불찰은 아직까지도 얼얼한 실수로 남아 있다. 결국 방법은 하나이다. 직접 부딪치고 찾아내는 아날로그식 접근만이 확실한 지름길이다.

또한 일촌의 일상에 관심을 갖고 정보를 주고받는 것은 서로간의 긴밀한 화젯거리가 된다. 대화의 빈곤함을 메워줌과 동시에 관계를 윤택하게 하는 촉매제가 된다. 디지털의 허전한 빈 공간을 채워주는 아날로그식 접착제인 셈이다.

가령 공부 잘하는 자녀를 둔 사람과 만날 때에는 자연스럽게 자녀의 이야기로 말문을 여는 것이 효과적이다. 어색한 자리라도 이야기가 잘 풀리는 것을 느낄 수 있다. 구 신한국당의 해양수산 전문위원이었던 H씨는 부처에서 그리 승승장구하던 공무원이 아니었다.

담당분야도 언론의 주목을 받을 만큼 인기 분야가 아니어서 기자들의 방문도 뜸했다. 나는 그와의 만남을 준비하면서 그의 딸이 대학에 수석입학을 했을 정도로 수재라는 사실을 알게 되었다. 딸 소식으로 첫 말문을 트면서 어색한 분위기를 깼다. 그래도 워낙 말수가 적은 사람이라 몇 분이나 대화가 이어질지 걱정이었는데 기우에 불과했다. 딸 이야기로 기분 좋게 시작된 인터뷰는 묻지도 않은 당소속 의원들의 독도입법안 이야기까지 나오게 했다. 첫 화젯거리가 적중하면 이처럼 좋은 결과를 얻는 경우가 많다.

다만 상대방에 대해 중요한 정보를 가지고 있더라도 그 사람이 알려지는 것을 원하지 않거나, 민감하게 여기는 사안일 경우에는 보호해 주는 것이 좋다. 욕심을 부려 얘기하고 싶어하지 않는 사생활까지 꺼내는 것은 결국 관계를 그르치고 만다.

거스 히딩크 전 국가대표축구팀 감독은 기자들이 어떤 이야기를 포착하고 어떻게 헤드라인을 장식할지 본능적으로 터득하고 있던 사람이었다. 무엇이든 못하는 답변이 없는 그였지만 연인 엘리자베스에 관한 질문에는 답변을 꺼려했다. 나는 월드컵 직전 대구에서 열린 컨페더레이션스컵 대회를 앞두고 그와의 단독 인터뷰를 진행했지만, 엘리자베스에 대한 궁금증은 접었다. 흥미로운 기삿거리가 될 수 있겠으나, 어렵게 잡은 기회를 돌발질문으로 놓치고 싶지 않았기 때문이다.

덕분에 인터뷰는 큰 탈 없이 마무리됐다. 그런데 문제는 그 뒤에 터졌다. 단독 인터뷰를 허용하지 않는 원칙이 나와의 인터뷰로 무너지면서 다른 기자와 PD들이 히딩크 감독에게 몰려들었고, 기삿거리가 될 만한 내용이 여의치 않자 결국 엘리자베스와의 관계를 묻는 질문이 튀어나왔다. 얼굴이 상기된 히딩크는 해당 질문을 한 보도진에게 격한 단어를 쓰며 자리에서 나가줄 것을 요구했다. 그 이후에 질문을 던졌던 다른 기자들이 취재에 어려움을 겪었음은 물론이다. 지켜야 할 마지노선을 지키지 않은 실수는 회복 불가능한 악수가 될 수 있다.

Analog action Plan

— 디지털 정보가 놓치는 가족과 지인의 속사정을 파악하자.
— 차별화된 정보를 얻기 위해 직접 몸으로 부딪쳐라.
— 사소하더라도 상대방이 원하지 않는 사생활은 끝까지 이야기 삼지 말자.

2. 인적 네트워킹을 구축하라

사람에 대한 투자는 아무리 강조해도 지나침이 없다. 디지털 매체를 통해 누구나 손쉽게 정보를 검색할 수는 있지만 나만의 입맛에 맞는 정보를 찾기란 쉽지 않다. 자신이 필요로 하는 정보, 자신이 책임질 수 있는 독창적인 아이디어는 사람을 통해서만 얻을 수 있다.

2005년 삼성경제연구소에서 CEO들을 대상으로 설문조사한 결과에 의하면, 나만의 아이디어를 얻기 위해 리더들은 인터넷 등 디지털 매체를 이용하기보다는 외부 인사들과 만나서 대화하고 토론하는 자리를 활용하는 것으로 나타났다. 또한 오늘의 자신을 있게 한 결정적 지능에 대한 질문에 29.2%가 타인과의 교류능력 등을 나타내는 대인지능을 꼽았으며, 디지털 기술에 필요한 논리와 수학지

능은 24.0%에 그쳤다. 그리고 큰 경영자가 되기 위해 꼭 계발해야 할 지능으로 가장 많이 꼽힌 것도 대인지능이었다. 네트워킹은 철저히 아날로그적인 대화에서 이루어진다는 사실을 다시 한번 확인시켜 주는 조사 결과이다.

구본무 LG그룹 회장은 사업구상을 위해 국내외 경영인들, 특히 선진기업 CEO들과의 만남을 중시하는 것으로 알려져 있다. 윤종용 삼성전자 부회장의 퇴근시간은 오후 5시 30분이지만, 그 이후의 일정은 매일같이 거래처 주요인사들과의 저녁 식사로 잡혀 있다.

외부 네트워킹은 미래를 위한 보험이다. 또한 예상하지 못한 문제가 일어나는 것을 막고 부정적인 파급효과를 최소화시켜 주는 든든한 버팀목 역할을 한다. 황창규 삼성전자 사장은 '성을 쌓는 자는 이동하는 자를 이기지 못한다'고 말한 바 있다. 그는 1990년대 당시 좋은 이론을 발표해도 인맥이 부족하면 국제학회에서 인정을 받지 못하는 풍조 때문에, 스탠포드 전자공학과 책임연구원 시절 학자들을 부지런히 만나고 자기 사람으로 만들어 논문심사에서 부당하게 차별받는 설움을 없앴다고 한다. 이처럼 제대로 구축된 외부 네트워킹은 자신에게 닥칠 수 있는 위험요소를 최소화시킨다.

내부 네트워킹의 경우 국내 기업들도 미국처럼 다면평가가 도입되어 객관적인 평가가 진행중이다. 삼성 계열사의 한 관계자는 '자신이 스스로를 아는 것보다 조직이 자신을 더 잘 안다'는 말로 그 위력을 표현했다. 다면평가는 한 사람을 두고 여러 방향에서 진행된다. 그의 상사와 부하, 동료, 그리고 조직의 인사담당이 부여하는 점수가 각각 따로 있다.

이렇듯 디지털로 체계화한 점수의 배후에는 사람이 있다. 한 사람의 성품이 업무실적만큼이나 자신에 대한 평가를 결정짓는 변수가 되고 있다고 대기업 인사 관계자들은 말한다. 일을 잘하는 성과주의가 최고의 덕목이 되고 있는 세상이지만, 비슷한 업무실적일 경우 남을 배려하는 아날로그 덕목이 여전히 파괴력을 발휘하고 있다는 분석이다.

내가 어떤 성과를 냈는지는 생각만큼 회사 안에서 크게 알려지지 않을 수 있다. 주변의 질시로 성과를 애써 과소평가하거나, 그 의미를 축소하려는 견제가 따를 수 있기 때문이다. 그러나 인성에 대한 평가는 이런 제약에 구애받지 않는다.

한 사람의 성과를 파악하려면 컴퓨터를 들여다보고 입력된 수치를 분석해야 하는 시간의 한계가 따르지만, 좋은 사람이라는 이미지는 한번 각인되면 평생 동안 잊혀지지 않는다. 승진과 포상을 위해 지연, 학연, 혈연 등을 동원하는 내부 네트워킹 문화는 구시대적 아날로그의 표상이다. 그러나 사람을 배려하고 참여를 이끌며 평소 동료에게 베푸는 '따뜻한 인품'의 내부 네트워킹은 아날로그만이 가지고 있는 이 시대 성공코드이다.

훌륭한 기업의 리더가 되려면 네트워킹의 구축을 위해 직원을 믿고 신뢰하는 자세를 가져야 한다. 한번 일을 맡기면 끝까지 믿어주고, 결정을 내린 후에는 될 때까지 기다려 주는 미덕을 발휘해야 한다. 단기성과에 급급하면 일하는 사람도 인내심을 잃어버린다. 직원들이 좋아하는 일을 찾아주고 개인의 비전을 회사와 연계시킴으로써 회사의 미래가 자신과 직결되어 있음을 입증해 줘야 한다. 책임감 있게 베푸는 배려는 자신이 갖고 있는 역량을 최대한 발휘할 수 있게 한다.

내게도 가능성을 펼쳐보이도록 수렁에서 건져준 선배들이 있다. J선배와 H선배는 수습 시절 내게 '여성기자가 아닌 기자'로 커나가라고 말하곤 했다. 그리고 남자 동료 기자보다 혹독하게 가르치고 험한 말도 가리지 않았다. 그러던 중 K선배가 내게 기회를 줬다. 김현철 씨 청문회에서 그를 집중마크해서 단독 인터뷰를 진행해 보라고 권유했다. 결국 나는 그 인터뷰에 성공했고 그것을 계기로 기자로서 더 많은 약진을 할 수 있게 됐다. 그들이 없었다면 오늘의 나는 없었을 것이다. 사람을 믿어주는 것이 얼마나 소중한지, 기다려 주는 인내와 묵묵히 뒷바라지해 주는 내리사랑이 얼마나 고귀한 것인지 지금도 사무치게 느낀다.

최태원 SK 회장은 사람에 대한 믿음과 배려, 참여를 유도한 대목과 관련해 가장 변화의 폭이 컸던 국내 CEO 중 한 사람이다. 그는 임원들의 보고가 마음에 들지 않을 경우 상식을 넘어선 반응으로 보고자들을 당황하게 하는가 하면, 의사결정 과정에서 상대를 인정하지 않는 일방통행으로 칭찬에 인색하다는 평가를 받았었다. 그러나

한 차례 혹독한 시련을 겪은 뒤 회사로 다시 돌아온 그의 변화는 피부로 체감될 정도라고 한다.

'MBWA(Management by Walking Around, 현장순회경영)'를 위해 공장이든 수색대든 가리지 않고 방문했던 처칠과 마찬가지로, 그는 직원들을 만나 공식 · 비공식적 의사소통 기회를 넓히는 경영방식을 몸에 익히고 있다. 끊임없이 연구하고 공부함으로써 임원회의에 활력을 불어넣을 뿐만 아니라, 수십 명의 임원들과 회식을 할 때에는 테이블마다 한 자리씩 비워두게 해 일일이 테이블을 옮겨가며 술잔을 돌려 상대방의 의견을 듣고 그것을 존중하고 있음을 보여주고 있다. 디지털 매체에 일가견이 있는 젊은 경영자이지만 선친의 참여유도형 경영을 몸으로 실천하는 노력이 돋보인다.

이처럼 상대방을 존중하는 자세는 사람을 깊게 사귀려는 노력이 있을 때 가능하다. 사람과의 깊이 있는 관계는 탄탄한 네트워킹을 구축하기 위한 토대이다. 많이 알고 빨리 알아가는 것도 필요하지만 확실한 내 사람으로 단단히 관리하는 것이 더 중요하다.

내 주변에는 크고 작은 모임이 많이 있지만 모두 챙기지는 못한다. 1년 넘게 연락하지 않는 모임이나 사람은 수첩에서 과감히 지운다. '문어발'식 인간 관계보다는 '낙지'형 교류를 선호하는 탓이다.

내가 모임에서 만나는 사람들은 서로의 직업을 의식하지 않는다. 자신의 분야에서 일가를 이룬 사람들이지만 사적인 모임에서는 자신의 일에 대해 목소리를 내지 않는다. 오히려 직함이나 경력보다는 어떻게 살고 있으며 어떻게 살고 싶어하는지에 관심이 더 많다. 성과나 결과보다는 우리의 사고를 풍요롭게 하고 인생을 헛되이 살지 않게 하는 방법에 대해 이야기하곤 한다. 산소방처럼 편안함을 주는 사람들과의 가랑비 옷 젖는 듯한 대화는 여운이 깊고 든든함이 느껴져서 좋다.

이와 함께 질적인 인적 네트워크를 구축하기 위해서는 자신이 다수에 속해 있더라도 시선은 항상 보이지 않는 소수에게로 향해 있어야 한다. 큰 소리에 자신의 작은 소리가 묻혀 답답해하는 소수를 찾아내 이야기할 수 있도록 이끌어주어야 한다. 특히 조직에서 우리는 아날로그의 헤드헌터가 되어야 한다. 다수의 대세란 결정의 속도에 가속이 붙게 하고 이의를 허용하지 않는 또 다른 폭력으로, 배려와 관용이 들어설 자리를 없게 만든다. 번거롭고 힘이 들어도 숨겨진 소수를 찾아내고 무시되는 소수의견을 존중하는 것은 조직의 생명력을 위해서도 필요한 일이다. 소수의 창의성과 잠재력은 우리가 찾아야 할 숨어 있는 2%다.

회사에서 점수로 매기는 디지털식의 평가란 정해진 기준이나 목표치에 부합하지 않는 대상은 무조건 '부적격'으로 분류되지만, 아날로그식 관찰력은 숨겨진 능력과 소리 없는 노력을 살펴서 진정한 인재를 찾아낼 수 있게 한다. 시스템이 주는 부작용을 고려하지 않는 무자비한 대세는 떨어져 나간 소수에 회복할 수 없는 타격을 주고, 바깥으로 겉돌게 된 소수의 구심력은 결국 조직을 협공하는 여론의 유탄으로 작용하는 사례를 적지 않게 목격하고 있다. 데이터에 대한 맹종은 사람에 대한 기회를 박탈한다. 모임과 만남에서 그리고 회사에서, 말할 기회를 제공받지 못했던 소수를 찾아 말을 건네보자. 그 한 번의 수고로도 당신은 돋보이는 리더로, 대상자는 놀라운 능력으로 보답하는 인생유전의 연금술을 체험하게 될 것이다.

21세기는 '공존지수'로 성공하는 시대라고 말한다. 이 같은 트렌드를 주도하는 것은 '사람' 중심의 아날로그적 사고가 디지털 시대 경쟁력에 필수불가결한 조건임을 시사해 주고 있다. 성공하고 싶다면, 삶을 윤택하게 만들고 싶다면 주변의 관계에 끈을 한번 더 조여 주자. 인적 네트워크에 대한 투자는 나에게 필요한 핵심정보로 그 위력을 발휘하게 될 것이다.

Analog action Plan

— 대인 관계를 넓혀라. 나에게 부족한 정보를 채워줄 것이다.
— 만남의 자리를 자주 만들어라. 독창적인 아이디어를 제공받게 될 것이다.
— 믿고 신뢰하는 마음의 자세를 가져라. 끈끈한 인간 관계의 첫출발이다.
— 아랫사람을 배려하는 마음을 키워라. 나의 든든한 버팀목이 되어 줄 것이다.
— 무시된 소수의 의견을 소중하게 여겨라. 어느새 당신이 리더가 되어 있을 것이다.

3. 타깃의 비공식 행동반경을 파악하라

나는 기자생활을 하면서 아날로그식 접근법의 중요성을 매번 느낀다. 그 중 가장 자주 느끼는 것은 모든 문제의 열쇠는 결국 사람을 얼마나 잘 파악하고 읽어낼 수 있느냐에 달려 있다는 점이다. 특히 공식적인 자리보다 공인들의 비공식 일정 속에 파악되는 동선은 민감하고 파급효과도 크다. 이러한 행동반경은 접근하기가 쉽지 않지만 대부분 경쟁력 있는 정보로 이어지기 때문에 남보다 더 빨리 잡아내고 많이 얻기 위해 노력해야 한다. 정보가 병목현상처럼 모이는 곳을 파악하면 일은 일사천리로 해결된다. 열매가 가득 열린 나무를 찾으면 굳이 올라가지 않고도 가지를 흔들어 열매를 떨어뜨릴 수 있는 것과 마찬가지의 이치다.

기자시절 있었던 일이다. 어느 날 국회 건설교통위원회 비서가 예고 없이 전화를 걸어왔다. “김 기자님 오늘 6시 반 아시죠? 저녁 식사.” 그날은 국정감사가 있는 날로 기자들이 한가롭게 의원들과 모여 저녁식사를 할 때가 아니었다. 뭔가 이상하게 여겨졌다. 그리고 잠시 후 역시나 착오가 있었다면서 국회 건설교통위원회 비서는 사과의 말과 함께 다급히 전화를 끊었다. 그 시간에 비서가 전화한 이유가 궁금해 상임위원회장에 올라가니 엄숙한 분위기 속에 국정감사가 진행 중이었다. 그런데 위원장 자리 의사봉 옆에 흰 메모지가 놓여 있는 것이 눈에 띄었다. 나는 지나가는 척 두 번을 오가며 메모에 쓰여진 글자를 읽었다. ‘저녁 6시 반, OOO.’ 그 비서는 의원들에게 할 전화를 실수로 내게 한 것이었다.

나는 메모에 적힌 한 식당의 옆방을 차지하고 국회의원들이 오기를 기다렸다. 예정된 시각에 온 사람들은 의원들 뿐만이 아니었다. 건교위 산하 기관의 간부들이 모두 모였다. 그리고 잠시 후, 카메라 앞에서는 눈을 부릅뜨고 호되게 질책하던 의원들의 익숙한 목소리가 들렸다. 오가는 술잔 속에 그들의 엄했던 목소리도 흐느적거리기 시작했다. 순간 내 머릿속에는 모든 일을 제쳐두고 여의도 감사장 복도 바닥에 앉아 의원들의 질문과 답변내용을 적고 타이핑하고 복사하느라 고생하던 공무원들의 모습이 떠올랐다.

그날 나는 카메라 기자와 함께 2차 장소인 단란주점까지 차로 쫓아가 취재를 마쳤다. 덕분에 국정감사 대상과 의원들 사이의 비밀

스런 거래와 접대는 다음날 뉴스를 탈 수 있었다. 예상치 못한 정보였지만, 보이지 않는 비공식적 동선을 파악한 것이 특종으로 이어졌던 사례다.

방송보도에서 사람의 성향이나 관심도를 파악하는 것은 필수다. 물론 소비자를 상대로 하는 기업도 마찬가지일 것이다. 선호도를 조사해 파악하면 마케팅 대상이 무엇을 원하는지, 무엇에 관심이 있는지를 알 수 있다. 이렇게 얻어진 정보를 기초로 마케팅 대상을 공략하면 매출목표와 성공에 보다 가깝게 다가설 수 있다. 뉴스도 마찬가지다. 시청자에 대한 철저한 분석이 없으면 살아남을 수 없다.

그렇다면 '시청자들이 알아야 할 뉴스(what they should know)'와 '시청자들이 알고 싶어하는 뉴스(what they want to know)' 중 어느 것이 더 중요할까. 공중파 뉴스의 공영성과는 별개로 국내 방송사들은 대부분 광고 수입에 의존하기 때문에 알고 싶어하는 뉴스를 전해야 하는 시청률 경쟁에서 마냥 자유로울 수 없다. 또한 인터넷 문화가 확산되고 정보의 홍수 속에 살고 있는 현시점에선 한 가지 어려움이 더 생겼다. 시청자가 실시간으로 뉴스를 접하기 때문에 공정성과 진실성을 기본으로 차별화된 보도에 전력 투구를 해야 하는 호락호락하지 않은 상황이 된 것이다. 치열해진 경쟁 속에서 색다른 시각으로 뉴스를 만들어야 할 필요성은 시간이 갈수록 더욱 절박해졌다.

미국 유학을 마치고 돌아온 후 마감뉴스를 진행하게 됐다. 나는 마감뉴스란, 말 그대로 하루를 마감하는 편안한 뉴스라고 생각했다.

그러나 시청자층에 대한 분석결과 마감뉴스는 이름만큼 편안할 수 없는 상황이었다. 뉴스데스크를 시청한 후 다시 마감뉴스를 보는 시청자가 32%에 달한다는 조사 결과가 나왔기 때문이다. 뉴스데스크의 내용을 그대로 반복하면 3분의 1은 지루함을 느낄 수밖에 없을 것이다. 심지어 뉴스에 대한 시청자의 집중도 또한 마감뉴스가 하루 중 가장 높아서 전 시간대 다른 뉴스와 꼼꼼하게 비교되는 경향이 있는 것으로 조사됐다. 한 마디로 시청자의 68%는 마감뉴스 시간 때에 처음 뉴스를 보고, 32%는 어떻게 뉴스가 달라질지 유의해서 보는 상황이었다.

그래서 우리는 다시 보는 32%를 위해서는 기자가 출연하는 심층 인터뷰로 깊이를 더했다. 그리고 처음 보는 68%를 위해서는 뉴스데스크의 리포트를 다시 보여주는 한편, 화면 아래 스크롤자막으로 속보를 내보내는 전략을 추진했다. 그렇게 해서 앵커이면서 동시에 기획자와 편집자로서 역량을 발휘할 수 있는, 주로 남자 선배들의 영역에 있던 지휘권이 내게 주어졌다. 드디어 미국의 앵커 시스템처럼 나만의 뉴스를 만들 수 있는 기회가 온 것이다.

마감뉴스의 시청자들은 뉴스가 만족스럽지 않다고 해서 방송국에 전화를 거는 일은 거의 없다. 다만 조용히 채널을 돌려 시청률을 낮출 뿐이다. 어떤 뉴스든 냉정하게 평가할 준비가 되어 있는 심야 시청자들의 수요를 충족시킬 수 있는 방법은, 실시간 속보를 전하며 인터넷 뉴스를 대체하고 공중파의 검증된 시각을 더해 주는 수밖에 없다는 결론이 나왔다.

새로운 인력이 투입됐고 선후배들이 콘텐츠를 제공하며 힘을 보태준 덕분에 주요뉴스와 속보, 날씨, 뉴욕증시, 미국 프로야구 소식 등 다양한 정보를 전하는 뉴스를 만들 수 있었다. 뉴스의 클로징 멘트도 그날 하루 전파를 타지 않은 미담을 찾아 전달했다. 이처럼 시청자의 선호도를 파악하고 뉴스의 규모와 차별화된 멘트로 차별성을 둔 결과 시청률에서 완승을 거둘 수 있었다.

시청자의 기호를 꿰뚫어보지 못하고, 변화를 꾀하지 않았다면 이런 결과를 거두지 못했을 것이다. 그 후로도 나는 뉴스를 진행할 때 더 많은 뉴스, 더 빠른 뉴스, 더 풍성한 해석을 요구하는 까다로운 시청자들의 기호를 알아내기 위한 작업에 많은 시간과 공을 들이고 있다.

이렇게 주변을 읽고, 사람을 읽어낼 줄 아는 능력을 키우는 것이 아날로그 정보관리이다. 겉으로 보이는 기교에서 숨겨진 정보를 파악하면 사람도 더욱 잘알고 성공적인 인간 관계를 맺을 수 있다. 디지털 시대는 겉모습과 기술에 매달리기보다는 속내를 읽어내는 지혜가 필요한 시대이다. 이것은 정보를 제대로 숙성시키는 비결이 될 수 있다. 나의 경험을 바탕으로 설명하자면 이렇다.

MBC와 KBS의 9시 뉴스를 보면 거의 항상 똑같은 순서로 뉴스가 나온다. 9시 20분대가 되면 생활체감형 뉴스가 나오고, 6분쯤 지나면 다시 진지한 뉴스가 보도된다. 아침뉴스도 마찬가지다. 공중파 3

사가 비슷한 시간에 공히 비슷한 뉴스를 전한다는 느낌을 받을 때가 많다.

이유는 간단하다. 아이템을 언제 시작하고 어떻게 배치했는지에 따라 시청률이 확연히 달라지기 때문이다. 가령 아침뉴스도 철마다 시청률 대목이 있다. 여름에는 장마와 홍수, 초가을에는 태풍, 겨울에는 기습적인 눈 소식이 그렇다. 출근길을 걱정하는 시청자들의 마음과 직결되기 때문이다. 그래서 아침뉴스는 날씨와 계절의 변화에 내용과 리듬을 맞추는 것이 일반적이다. 날씨가 하루를 시작하는 인상적인 화제인 만큼 중요한 날씨뉴스를 더 빨리 전하는 데에 우위를 둔다. 특히 폭우가 내리고 폭설이 뒤덮는 상황은 아침뉴스가 6시에 시작된다는 편성의 틀을 완전히 깨버리고 4시에 뉴스를 시작하기도 한다. 새벽 시간대 시청자들이 그날 하루 각 방송사 뉴스의 성패를 좌우하는 역할을 하기 때문에 3사 방송사에서는 1초라도 먼저 야음을 깨고 아침 방송을 내보내려고 하는 것이다.

밤 9시 뉴스도 시청자들의 속내를 읽기 위해 여념이 없다. 9시는 퇴근 후 가족끼리 모여앉아 볼거리를 찾는 여유롭지만 까다로운 채널 쇼핑시간이다. 따라서 초반에는 그날 헤드라인 뉴스로 시청자들에게 강한 인상을 주기 위해 노력한다. 하지만 사람의 신체리듬은 20분이 지나면 집중력이 떨어지기 때문에 이때쯤 되면 화제성 기사로 변화를 준다. 이렇게 전환을 요구하는 또 다른 이유는 부동층 확보에 있다. 다른 채널의 프로그램이 9시 20분대 초반에 끝나기 때문에 6분간의 광고를 피해 다른 채널을 떠돌아다닐 시청자층을 흡수해야 한다. 이때에는 날씨나 생활, 문화, 고발기사, 건강기사 등이 시청자들의 눈과 귀를 사로잡기 위해 깊게 고민할 필요없는 기사들이 전면에 배치된다.

시청자가 어느 뉴스쯤에서 기지개를 켜고 싶어하는지, 어떤 채널로 움직이고 있는지를 예측하는 편성전략은 시청률에 민감한 방송사 입장에서는 피말리는 전략이자 사활이 걸린 아날로그 정보관리다. 성공하고 싶다면 사람을 읽어야 한다.

디지털을 타고 빠르게 확산되고 있는 정보는 다양성의 유혹 안에 수많은 함정을 숨기고 있다. 인터넷 검색엔진이 제공하는 웹사이트의 순서가 어떤 기준으로 나오는지 소비자들은 전혀 모르고 있다. 많은 기준이 있지만 무엇보다 웹사이트들이 낸 광고비가 적지 않은 영향을 미친다. 사용자가 자신의 컴퓨터에 남겨놓은 쿠키와 같은 웹사이트 방문기록은 고스란히 누적되어 네티즌이 모르는 사이 개개인의 성향을 파악하는 통로로 이용되고 있다.

디지털을 통한 정보의 소비란, 소비자가 선택하고 마음대로 구매하는 열린 과정이 아니라 소비를 유도하기 위해 소비자 파악을 끝낸 세일즈맨들의 집합소가 되고 있는 셈이다. 인터넷이 제공하는 정보의 양에 걸맞지 않게 우리의 정보검색 과정은 오히려 획일적이고 단편적인 대중적 상품구매 과정으로 변하고 있다. 따라서 그 사람만의 특별한 생활반경과 기호를 파악하는 데에는 오히려 사람을 직접 만나는 아날로그식 접근법이 용이하다. 소비자의 숨겨진 선호도와 동선을 파악하면 지피지기 백전불패의 성공 모드로 전환할 수 있게 된다.

Analog action Plan

— 사람들의 생활반경과 동선을 파악하라. 디지털에 없는 발효정보이다.
— 대상의 기호를 파악해라. 핵심 정보가 된다.
— 소비자의 말하지 않는 욕구를 찾아내라. 백전불패의 성공모드이다.

4. 상대방의 표정과 버릇을 파악하라

프랑스의 소설가 발자크는 사람의 얼굴은 하나의 풍경이며, 한 권의 책이라고 말했다. 얼굴에 나타나는 표정은 결코 거짓말을 하지 않는다는 의미이다. 사람의 얼굴색과 표정에는 진심이 담기기 마련이다. 말로는 사람을 속일 수 있지만 표정은 속일 수 없다. 이메일이나 전화통화를 할 때 사무적으로 끝나기 쉬운 대화도 실제로 얼굴을 맞대고 나면 예상하지 못한 수확으로 이어지는 경우가 많다. 꼭 성사시켜야 하는 문제에 직면했다면 시간이 걸리더라도 직접 만나 해결하는 것이 현명한 방법이다.

칼리 피요리나 전 HP 회장은 2002년 전 세계 CEO 중에서 가장 영향력 있는 여성으로 선정되었던 리더다. 당시 유학중이던 스탠포드에서 나는 그녀를 만날 수 있었다. 칼리 피요리나 회장이 세미나에 온 것은 HP의 매출신장과 함께 인터넷 웹사이트에서의 저작권 보호 등 기업의 책임을 강조하는 연설을 하기 위해서였다. 인터뷰를 위해 마주한 그녀의 얼굴은 활력이 넘쳤다.

그런데 얼굴보다 그녀의 붉은 귀에 시선이 갔다. 순간, 나는 귀가 얼굴이나 목 색깔보다 붉은 직원이 있다면 시간 외 근무를 많이 하거나 밤샘근무를 했을 가능성이 높다는 어느 인상학 전문가의 말이 기억났다. 나에 대해 간단한 소개를 한 후 어제도 연구실에서 일했는지 걱정스럽게 물으며 말문을 텄다. 칼리 피요리나 회장은 눈코 뜰 새 없이 바쁜 하루였다면서 어떻게 알았냐는 듯 진지하고 신기한 눈빛으로 대화를 시작했다.

덕분에 인터뷰는 내실 있게 진행됐다. 그리고 몇 달 뒤, 실리콘밸리 여성 CEO 연구를 위한 면접조사 자리에서 그녀를 다시 만날 수 있었다. 이렇게 상대방의 표정이나 상태를 파악하는 것은 대화의 힘을 두 배로 키우는 동시에 정확한 정보를 얻게 해주는 자료가 된다. 남을 나의 사람으로 만들고 싶다면 상대방의 표정이나 상태를 눈여겨보는 습관이 필요하다.

사람의 표정을 살피다 보면 또 한가지 재미있는 사실을 얻어낼 수 있다. 아무리 속내를 감추고 있는 사람일지라도 주의 깊게 들여다보면 눈에 들어오는 버릇이 있다. 고유한 습관이나 버릇이 가리키는 메시지를 파악하면 상대가 하는 말의 진실성 여부까지 가려낼 수 있는 경우가 많다.

1997년 신한국당은 대선을 앞두고 일명 9룡이 대권주자가 되기 위해 격돌하고 있었다. 당시 후보들 모두 중국음식점에 모여, 아들의 병역문제 등을 거론하며 이회창 후보의 대세를 꺾기 위한 기싸움을 벌였다. 그 중 당직자 L의원은 '허심탄회'한 대화가 오갔다고 발표했지만, 사실은 모든 후보가 이회창 후보의 대표직 사퇴를 요구하며 '고성'을 지르는 험악한 상황이었다.

한 기자가 L의원의 발표 도중, 후보들이 결국 대표직 사퇴를 요구한 것이 아니었냐고 불쑥 질문을 던졌다. 순간 L의원의 눈 한쪽이 살짝 실룩대기 시작했다. 그는 평소에 거짓말을 하면 왼쪽 눈가의 근육이 떨리는 버릇이 있다는 것을 알고 있었던 나는 다시 한번 그의 얼굴을 확인한 후 브리핑을 듣지 않았다. 대신 목격담과 추적취재에 들어갔다.

그 후로도 나는 L의원이 브리핑을 할 때면 얼굴을 보는 것으로 취재를 대신하곤 한다. 사건의 진상은 그의 눈가에 머물러 있었기 때문이다. 그의 눈이 말해 주는 메시지는, 써야 할지 말아야 할지 선택의 기로에 서 있는 내게 항상 맞는 길을 가르쳐 주는 파랑새였다.

취재를 하다 보면 이런 경우를 자주 접할 수 있다. 국세청에서 있었던 일이다. 모든 정보에 대한 철통 보안으로 유명한 국세청은 정말 취재하기 어려운 곳 중의 하나다. 2002년 국세청 출입기자로 건물 안을 돌아다니다 청장실 비서의 책상 위에서 삼성그룹 간부 두

명의 이름이 적힌 메모를 우연히 보게 되었다. 하필이면 국세청이 이재용 상무의 편법상속 논란과 관련해 내사를 벌이던 때여서 그냥 지나칠 수 없었다. 그래서 삼성에 전화해 확인해 보니 신임 인사차 들렀다는 것이었다. 여의치 않아 기업조사 담당인 국세청 간부에게 편법상속에 대해 조사하는지를 물었더니, 그가 꼬고 앉은 다리의 발가락을 위로 쭈빗 세웠다. 전부터 진실을 묻거나 긴장하면 그가 항상 보여왔던 버릇이다.

'왜 긴장하지?' 나는 결국 며칠을 매달려 국세청이 재벌 2세와 3세들의 비상장주식 거래를 조사하고 있다는 단서를 잡았다. 신주인수권부사채라는 변칙 상속수단을 쓴 혐의를 받고 있는 삼성家 방계회사의 회장이 그 첫 대상자로 조사를 받고 있었던 것이다. 그날 뉴스의 첫머리를 장식한 기사는 이후 신문들의 후속보도가 나가면서 더 탄력을 받았다. 그런데 몇 달 뒤 다시 만나게 된 '발가락' 간부는 의외의 소식을 전해 주었다.

"그런데 말이야. 그 기사 나간 거, 10대 재벌 추적 조사라고 돼 있잖아. 그런데 그게 사실 10대가 아니라 10개야… 철자가 틀렸어. 보고서를 잘못 보고 썼어…" 매출액별로 서열을 매기는 '10대'와 무작위의 '10개'는 분명한 차이가 있다. 나는 그의 발로 시선을 돌렸다. 원망스럽게도 그의 발은 가지런히 아래를 향하고 있었다. 이번에 그의 말은 진짜였다. 이처럼 상대방의 표정이나 버릇은 둘 사이의 대화를 진심으로 받아들여야 할지 말아야 할지를 결정해 주는 바로미

터가 된다. 사람을 많이 아는 것보다 한 사람이라도 확실히 아는 것이 중요하다. 결정적인 순간에 진실을 보여주는 것은 말보다는 표정, 대화보다는 버릇일 때가 많기 때문이다.

Analog action Plan

— 사람의 얼굴색과 표정을 읽어라. 진심을 읽을 수 있다.
— 고유한 습관이나 버릇이 누구에게나 한 가지씩 있다. 주의 깊게 살펴보자. 예측이 가능해진다.

5. 정보의 다이너마이트, 메모를 제조하라

일을 할 때 가장 우선시 되어야 하는 것은 정보의 다이너마이트를 제조하는 것이고, 그 1차적인 원료가 바로 메모이다. 성공한 사람들은 대부분 메모광이었다. 잭 웰치, 빌 게이츠 등은 메모하는 습관이 몸에 배어 있는 사람들이다. 부지런한 메모는 성공을 위한 핵심 키워드이다.

3M은 기업 안의 엘리베이터 내부가 종이로 도배되어 있다. 엘리베이터를 탔을 때 갑자기 생각나는 아이디어가 있다면 메모해 두라는 의미에서다. 이병철 삼성그룹 회장도 메모광으로 유명하다. 그는 그날 만나야 할 사람을 비롯해 전화해야 할 곳에서부터 상 줄 사람, 벌 받을 사람, 여러 매체에서 본 자료요약과 해결하지 못한 과제까

지 빼곡히 적곤 했다고 한다.

메모해 두었던 것을 모아 책으로 출간한 경영인도 있다. 소설가 최인호 씨도 감탄했다는 메모광 윤종용 삼성전자 부회장이 그 주인공이다. 그는 40여 년간의 메모를 차곡차곡 모아두었다가 〈일류로 가는 생각〉이라는 책으로 엮었다. 이 밖에도 안철수 전 안철수연구소 사장의 가방 속은 아이디어를 적어놓은 메모로 가득했다고 한다. 심지어 메모가 너무 많아 가방을 메면 어깨가 기울어질 정도였다는 농담 섞인 이야기도 있다.

나 역시 직업병인지 모르지만 만나는 사람마다 명함을 받으면 뒷면에 습관적으로 그 사람의 인상착의에서 특징까지 꼼꼼하게 기록해 둔다. 앞면에 적으면 다른 사람들에게 누출될 수 있다는 생각에 메모는 꼭 명함 뒷면에 적는다. 이렇게 잘 정리해 둔 수첩과 명함은 그 사람을 만나게 되었을 때 잃어버렸던 기억을 다시 마술처럼 되살려준다. 간혹 실수할 수 있는 상황에 처할 때 위기를 모면해 주는 효자 노릇을 할 때가 있다.

길을 가다 반갑게 나를 알아보는 사람을 만났을 경우 상대방이 누구인지 기억이 나지 않아 난감한 적이 한두 번은 있었을 것이다. 이름을 몰라 안색만 밝게 편 채 무미건조하게 끝날 만남에서 상대방의 이름을 기억하는 것만큼 성공적으로 나를 각인시키는 방법은 없다. 특히 그 대상이 나보다 연륜이나 직급이 낮을 경우 자신의 이름을 기억하고 불러주는 데에 감동받지 않을 사람은 거의 없을 것이다. 한 사람의 존재에 대한 예의와 애정 표현에 이름 불러주기 만한 것이 없다.

정보의 다이너마이트를 제조하는 다음 단계는 메모를 활용하는 능력이다. 〈크리에이티브 메모〉의 저자인 야하기 세이치로는 대책을 마련하지 않는 메모는 '앙꼬 없는 찐빵'이라고 표현했다. 아이디어를 메모하는 것에 그치지 않고 실제로 활용할 수 있어야 한다는 의미이다. 언제든 필요할 때 활용할 수 있도록 정리하고 기억해 두는 것이 중요하다.

2005년 스탠포드대학에서 6자회담을 앞두고 북한 핵문제를 진단하기 위한 미국과 한국의 차세대 리더모임이 있었다. 미국 대표 6명과 우리 대표 6명이 참석하는 비공개 '라운드 토크(Round Talk)' 였다. 나는 우리나라의 언론인 대표로 유일하게 초청받았다. 미국 하원에서는 커트 웰던 의원이 참석해 북한의 에너지 부족 문제에 대한 대안을 제시했다. 사할린의 천연가스를 북한을 경유해 한국으로 끌어오면서 가스관 통과에 대한 대가로 북한에 가스를 제공해 발전용으로 쓰게 한다는 내용이었다.

토론 전후로 시간을 쪼개 대화하면서 그에게 느낀 것은 시공을 초월하는 정보소화능력을 갖고 있다는 것이었다. 그는 국적별로 언어를 달리해 명함을 갖고 있었고, 그의 한글 명함에는 '커트 웰던'이라는 이름까지 한글로 적혀 있었다. 사실 미국 초청 방문 전에 나는 그의 의원사무실로 전화를 한 적이 있다. 핵문제와 재정적

지원을 연계하는 리비아식 접근방법을 북한에 어떻게 적용할 것인지 스탠포드 세미나를 앞두고 사전조사를 하기 위해서였다. 그러나 그와의 연결이 쉽지 않아 나는 간단한 소개와 연락처만 남겨 두어야 했다.

그런데 그는 두 달이나 지났는데도 당시 내가 남겨 놓은 메시지를 기억하고 있었다. 그리고 나와의 대화를 그 일에 대한 대답으로 시작했다. 보통 알고도 무시할 수 있는 것이 전화연락이다. 정말 빈틈없이 챙기지 않으면 놓칠 수 있는 용건들을 기억하고 한글 명함으로 만들어 의미 있게 마무리하는 근성은 정치인의 부지런함은 둘째치고 완벽에 가까웠다. 메모의 파괴력은 그 어떤 정보처리 방법보다 크다. 커트 웰던 의원과의 만남 이후 나의 메모는 보다 세밀해졌다. 그 사람의 취미와 기호, 꿈과 현재의 장 · 단점들 그리고 염두에 두어야 할 어려운 처지와 인정 받고 싶어하는 부분까지 기록해 둔다.

디지털이 제공하는 전자수첩과 휴대전화는 편리함과 동시에 사람과 정보를 보관할 수 있는 기능까지 선사하고 있다. 그러나 사람의 깊이, 정보의 중요함과 덜함까지 담을 수는 없다. '1'이면 '1'이지, '1.5'의 농도는 표현하지 못한다는 뜻이다.

좋은 생각이 떠오르면 즉시 메모할 수 있도록 언제 어디든 종이와 펜을 가지고 다니자. 순간의 느낌과 인상을 참고자료로 적으면 효과적이다. 메모는 하는 데에서 그치면 안 된다. 메모한 후에는 꼼꼼히 정리해 파일링한 후 언제 어디서든 필요할 때 활용할 수 있도록 자신만의 정보 데이터베이스를 구축하자. 언젠가 반드시 상대방의 벽을 허무는 폭발력 있는 자원이 될 것이다.

Analog action Plan

— 틈틈이 좋은 아이디어와 정보를 메모로 남겨둬라. 정보의 다이너마이트가 된다.
— 되도록 꼼꼼히 적어라. 메모는 디지털 방식으로 기록하기보다는 아날로그 방식으로, 농도와 정도 범위를 표시해 기록해라.
— 메모는 언제든지 활용되도록 정리되고 기억해 두어야 한다.

6. 종이는 컴퓨터보다 믿음직스럽다

휴대전화 배터리가 떨어져 입력해 놓은 전화번호를 꺼내보지 못해 발을 동동 굴러본 기억이 누구나 한번쯤 있을 것이다. 그럴 때면 간절하게 떠오르는 게 있다. 볼펜으로 꾹꾹 눌러쓴 종이수첩이다. 어디 그뿐이랴. 그보다 더 가슴 쓰린 경우도 있다. 컴퓨터에 애써 저장해 둔 자료가 바이러스 침투로 사라지면 정말 눈앞이 캄캄해진다. 디지털은 든든한 것 같으면서도 영 믿음이 안 간다. 디지털에 대한 신뢰가 위협받는 시대에 우리는 살고 있다. 특히 개인정보의 유출은 날이 갈수록 정도가 심해지고 있다. 얼마 전 싸이월드에서는 본인이 지정한 일촌에게만 공개되는 게시물을 제3자도 볼 수 있는 방법이 네티즌 사이에 급속도로 퍼져나가 문제가 되기도 했다. 디지털 세상

속의 얼마 안 되는 아날로그 공간이라고 믿었는데 결국 믿었던 디지털 기술에 발등을 찍힌 것이다.

자신의 이메일을 가르쳐 주거나 웹사이트에 가입한 적이 없는데 이상한 스팸메일이 날아오는 것도 보통 성가신 게 아니다. 나는 간혹 인터넷 편지함에 들어오는 무더기 스팸메일을 보면 내 이메일 주소가 개인용인지 공공용인지 헷갈릴 때가 많다. 나도 모르는 사이에 내 정보가 인터넷과 휴대전화 세상에 노출되는 일이 비일비재해졌다. 내가 자주 가는 사이트와 온라인거래 정보가 모두 분석돼 누군가 나의 기호를 훤히 꿰뚫고 있는 것이 현실이 되어 버렸다. 파일공유 프로그램이나 스크린세이버, 공짜 프로그램을 다운받아 사용한 적이 있다면 자신의 정보가 인터넷을 통해 빠져나갔을 확률이 높다고 보면 된다.

특히 자동으로 설치되는 스파이웨어는 개인정보를 빼가고 있고, 최근에는 패스워드나 신용정보를 훔치는 악의적인 범죄로 이어지기도 한다. 심지어 스파이웨어 파일 이름을 일반 윈도프로그램에서 필요한 파일과 비슷하게 만들어 사용자에게 혼란을 주기도 한다. 미국의 한 보안소프트웨어 업체는 자사 PC 중 82%가 스파이웨어에 감염돼 있다고 밝힌 바 있다. 또한 미국 인터넷 회사인 AOL(America Online, Inc)과 국가사이버보안연합(NCSP)이 2002년 공동으로 실시한 연구조사 결과 참가자의 컴퓨터 중 80%에서 스파이웨어가 발견됐다는 보고도 있었다.

통화 정보도 더 이상 사생활이 아니다. 특히 휴대전화로 시도 때도 없이 오는 문자메시지와 광고통화는 개인정보에 대한 최소한의 존중은 고사하고 수익을 위해 소비자를 고문하는 디지털 '돈' 지상주의에 불쾌감까지 들게 한다. 보안에 대한 불안 때문에 웬만한 정부기관의 고위공직자들은 공식적인 휴대폰 외에 비공식적인 자기만의 휴대전화를 가지고 다닌다. 휴대전화 도청과 감시에서 벗어나기 위해 다른 디지털로 도피처를 찾고 있는 실정이다. 네트워킹 없이는 살아남을 수 없는 시대지만, 강요받고 침해받는 네트워킹 때문에 보안장벽은 허물어지고 불신의 장벽만 높아져 가고 있다.

기자들은 브리핑을 받을 때 대개의 경우 노트북과 취재수첩을 모두 활용한다. 노트북은 발언내용을 신속하게 받아적는 데에 수월하다. 그리고 취재원의 연락처나 취재내용이 많아질수록 주제나 시간대별로 편리하게 분류해 놓은 데이터시스템은 많은 시간을 절약해 준다. 하지만 이 편리함 뒤에는 분실이나 훼손, 해킹 등에 대한 두려움이 항상 따라다니고 있다. 그래서 나는 기밀을 보존하기 위해서 그리고 외우기 위해서라도 정작 중요한 정보와 취재기는 따로 수첩에 적어서 모아둔다.

약속이나 주요 일정도 디지털 장비에 입력하기보다 종이수첩을 이용하는 사람들이 많다. 디지털을 이용할 줄 몰라서가 아니라 아날로그에 더 신뢰성을 부여하는 본능적인 행동일 것이다. LG 구본무 회장은 식사자리에서 듣는 정보나 산업동향은 일단 수첩에 먼저 적은 뒤 정보의 질에 따라 컴퓨터로 옮기는 작업을 한다고 한다. 디지털 시대에 정말 중요한 정보는 아날로그적으로 챙기는 '회귀현상'을 더 이상 구시대적이거나 감상적인 취미로 치부할 일이 아니다. '정성'과 '종이'만 해도 그렇다. 지극히 아날로그적인 소재가 디지털 시대의 '진정한 가치'를 확인시켜 주는 수단이 되고 있다. 이메일이 아니면 대화가 어려운 시대가 되었지만, 인터넷상의 편지함을 보는 것과 집으로 배달되는 편지를 받아볼 때의 푸근한 느낌은 비교할 수 없을 정도로 다르다. 시간과 공간을 초월하는 인터넷은 효율적이다. 하지만 불편과 번거로움을 감수한 엽서는 나와 상대를 묶어주는 정서적 연대를 가능하게 해준다.

온갖 종류의 초콜릿 판매가 성황을 이루는 발렌타인데이에 특별한 초콜릿이 고객들의 눈길을 끈 적이 있다. 바로 모양 없는 초콜릿이다. 이 상품은 자신이 직접 초콜릿 모양을 정하고 그 위에 사랑하는 사람의 이름을 적을 수 있도록 초콜릿 원료와 다양한 틀, 요리법 등으로 구성되어 있다. 현란한 초콜릿 상품에 식상한 20대 여성들의 감수성과 소비패턴을 겨냥한 덕에 이 상품은 불티나게 팔려나갔다. 나만의 추억과 서로의 기억을 새길 수 있는 아날로그식 마케팅 기법이 소비자들의 허전한 빈 구석을 찾아낸 것이다.

크리스마스나 새해가 되면 컴퓨터는 요란한 음악과 함께 날아드는 편지로 부산해진다. 메시지 종류에서부터 그림과 내용까지 각양각색이다. 기발한 크리스마스 카드와 연하장을 받으면 절로 입가에 미소가 번지지만, 그 미소는 그리 오래 가지 않는다. 편리하기는 하지만 사람 사이에 오가는 따스함은 없기 때문이다. 카드그림과 배경음악을 선택하고 키보드를 누르는 수고만 하면 절기나 이벤트마다 인사를 손쉽게 대신할 수 있다. 온라인카드를 보내면 연락을 하지 않는 무례함은 덜할지 모르겠지만, 자신보다 나이가 많은 사람에게 보내는 카드라면 온라인카드 대신 우표와 크리스마스 실을 나란히 붙인 카드를 보내보자. 아날로그의 따뜻함을 전하는 카드 한 장은 서로의 마음을 훈훈하게 데워줄 것이다.

휴대전화의 문자메시지나 인터넷의 댓글은 누구에게나 쉽게 읽혀지는 친근함이 있지만, 공간이 제한된 만큼 짧게 줄여 쓸 것을 요구한다. 이런 메시지가 10대의 감성에는 통하겠지만 보는 이에게 믿음이나 신뢰감을 주지는 않는다. 변형된 한글이나 채팅용어가 대표적인 예이다. 어려운 글과 엄숙한 대화의 고정관념을 과감히 깨뜨렸다는 긍정적 의미도 있지만, 또 하나의 디지털 포트리스를 쌓고 있다는 부정적인 의견도 있다. 강요된 언어는 결국 소외를 낳는다. 열린 세상의 인터넷이라지만 언어로 인해 아는 자와 모르는 자, 강자와 약자, 주류와 비주류로 편이 나뉘어지고 있다. 인터넷 단어에 익숙하지 않은 사람은 약자이자 비주류로 전락한다. 대화하기가 쉽지 않고 대화할 상대를 찾기도 간단치 않다. 소외가 따로 없다.

평소에 받는 이메일 중에는 가끔 학교 숙제를 부탁하는 학생들이 있다. 심지어 기자가 된 동기부터 보람과 성취, 장점과 단점, 인생역

정 등을 적어 며칠까지 보내달라고 날짜까지 밝히며 독촉하는 학생들도 있다. 받은 메일은 웬만하면 답장을 해주는 편이지만 이런 메일은 정중히 사양한다. 모든 정보를 쉽게 얻을 수 있는 디지털 세상이라지만 사람과의 만남과 교류마저 편리한 인스턴트식으로 접근하는 건 아닌지 씁쓸해지곤 한다.

빠르고 급하게 살다 보니 디지털 언어도 진지함이나 진정성과는 거리가 있어 보인다. 나는 아직도 '헐, 짱, 걍, 안냐세요, 방가, 열라, 댓짱, 하삼' 등의 디지털 신조어가 들어간 메시지나 메일을 보면 느낌이 그리 편안하지 않다. 격의 없는 미국에서도 이메일을 쓸 때에는 구어체를 자제하는 것이 관행이다. 편지를 쓸 때에는 상대방에 대한 존중과 정성을 표시하기 위해 가급적 풀어쓰고 원래의 뜻에 맞는 고유의 말을 찾는 것이 좋다.

누군가에게 인사를 하고 싶다면 실패할지라도 차라리 직접 찾아가거나 손수 적은 편지를 남기는 방법을 추천한다. 회사에서 선후배간에 혹은 취재원과 오해가 생길 때 내가 선택했던 해결방법은 직접 만나 대화로 푸는 것이었다. 혹 만날 수 없는 상황에 직면하면 손수 써 내린 편지로 대신했다. 그리 길지 않아도 된다. 정형화되지 않은 나만의 글씨체로 정성들여 쓴 편지는 진심에 2%를 더해 상대방의 마음에 따뜻하게 흐를 것이다.

인터넷이 익숙하지 않았던 사춘기 시절을 보낸 사람이라면 친구와 싸워 상처나 오해가 생겼을 때 편지를 써서 감정의 매듭이 풀렸던 기억이 누구나 한번쯤 있을 것이다. 믿음의 속도는 더딜지 모르지만 그 설득력과 전달 효과는 100%였다. 이 방법은 지금도 활용가치가 높다. 집에 오는 각종 고지서들 사이에 끼어 있는 따뜻한 편지 한 통은 그 어느 인터넷 편지보다 큰 힘을 발휘할 것이다. 좋은 인연을 길게 이어가고 싶은 사람, 믿음과 신뢰를 주고 싶은 사람이 있다면 키보드 앞에 앉기보다는 편지지를 꺼내 펜을 들어보자.

Analog action Plan

— 종이 정보수첩을 만들어라. 디지털 시대 가장 안전한 정보관리가 된다.
— '진심'과 '정성'을 보이고 싶은가. 문자메시지나 이메일보다는 직접 쓴 편지를 활용하라.
— 디지털 언어일수록 아날로그적으로 가야 한다. 격식과 존중, 품위를 갖추자.

Step 2 시간 및 대화관리

1. 장기적 비전으로 승부하라

'이 세상에는 성공을 바라는 사람이 많다. 그러나 일단 성공하는 날, 그 성공으로 어떻게 할 것인가를 배우고 미리 연구하려는 사람은 많지 않다. 이런 사람은 성공한다 해도 결국 권태의 재물이 되고 말 것이다.' 영국의 수학자이자 철학자인 B.러셀이 한 말이다.

이처럼 성공을 하는 것도 중요하지만 성공한 후 어떻게 할 것인가를 배우고 연구하는 자세도 우리는 함께 갖춰야 한다. 우리가 알고 있는 성공한 리더들은 대부분 이러한 마인드를 갖고 있는데, 거기에는 몇 가지 공통점이 있다. 그것은 바로 느림의 성공학이라는 자양분이다.

우선, 성공한 리더들은 자리에 연연하기보다는 장기적인 안목을 가지고 잠재 가능성이 있는 인재를 찾아 일의 시너지 효과를 창출해 낸다.

미국의 대표적인 전기기기 기업인 GE의 전 회장 레지널드 존스는 예의 없고 거칠며 반문하기 좋아하는 잭 웰치를 후계자로 지목했다. 자신과 반대되는 성격이었지만 잭 웰치가 그동안 보여준 모습은 그 업무능력을 인정할 수밖에 없을 만큼 뛰어났기 때문이다. 물론 레지널드 존스의 예감은 적중했다. 잭 웰치는 CEO로 취임한 이후 시장가치를 120억 달러에서 4천 5백억 달러로 상승시켜 시가총액 세계 1위로 끌어올렸다. 뿐만 아니라 기업 경영의 멘토로 그 명성을 날렸다.

영국의 총리를 역임한 처칠 또한 자신과 뜻이 맞지 않는 사람이라도 필요하다면 반드시 곁에 둔 것으로 유명하다. 즉흥적이고 감성적이었던 처칠은 신중하고 논리적인 앨런 브룩이 자신과 사사건건 부딪힐 것을 알면서도 육군참모총장으로 기용했다. 실제로 이후 둘은 대화의 오해나 성격의 차이로 때론 상처를 주고 때론 등을 돌렸지만, 결국 함께 제2차 세계대전을 승리로 이끌어냈다. 이 일화는 한번 임용한 사람은 끝까지 믿고 책임을 지며, 상대적 긴장감을 정치적 활력으로 승화시킨 처칠의 의리 정치를 보여주는 좋은 예로 남아 있다.

또한 성공한 아날로그 리더는 실패를 맛보더라도 자신의 오른팔 역할을 해주는 동료를 믿고 7전8기의 인내력을 발휘한다. 긴 호흡으로 원칙에 따라 무게감있게 발걸음을 내딛고, 미래에 대한 확신으로 무장하며, 동료에게 자신감을 심어줘 성공을 이끌어내는 것이다. 이를 입증할 수 있는 역사 속 인물로 이순신 장군을 들 수 있다. 그는 자신만의 원칙으로 멀리 내다볼 줄 아는 리더였다. 전쟁이 계속되는 무력한 조정 아래에서도 전라 좌수영을 이끌면서 묵묵히 거북선을 만들고 군사를 조련했다. 나대용이 첫 거북선 진수에서 많은 병사를 수장시키는 실패를 했을 때에도 그는 책임을 묻지 않았다. 실패의 이유를 파악했고 성공할 수 있다는 가능성을 내다봤기 때문이다. 또한 최고 지휘관이면서도 현장답사를 게을리 하지 않았다. 남해안의 복잡한 지형과 조류를 모두 파악해 주변 사람 모두가 불가능한 일이라고 여겼던 학익진, 장사진으로 한산대첩을 이끌어냈다.

고려 태조 왕건도 장기적인 안목을 가진 사람이었다. 왕건이 불교와 풍수사상에 관심을 기울이자 최응은 유학으로 나라를 통치할 것을 건의했다. 왕건은 난이 평정되면 그때 유학으로 다스리겠다며 그의 제안을 물리쳤다. 그는 전쟁 중에는 학문보다는 마음을 다스릴 수 있는 종교가 차라리 낫다고 생각했던 것이다. 우리가 알고 있는 성공한 사람들은 눈앞에 보이는 성과보다는 아날로그 원칙인 기다림의 미학을 발휘할 줄 아는 사람들이었다.

성공한 리더들은 말과 행동에 있어서도 책임감이 강하다는 공통점을 보인다. 그들의 말에는 힘이 느껴진다. 순간을 모면하기 위한 일시방편의 언행이 아닌 자신이 내뱉은 말에 대한 결과까지도 미리 생각하고 행동하기 때문이다. 그들은 절망적인 시대상황 속에서도 항상 희망의 메시지를 전하고, 책임감 있는 행동으로 언행일치를 실천했다.

미국의 전 대통령인 프랭클린 루스벨트는 1933년 대공황 때 대화로 어려움을 풀어나갔다. 당시 미국은 1천 5백만 명의 실직자, 급격한 경기하락, 금융기관의 연이은 파산 등으로 공황상태가 극에 달해 있었다. 최악의 상황에 취임한 그는 이렇게 말했다.

'우리가 가장 두려워하는 것은 두려움 그 자체입니다. 그러나 그 두려움은 막연하고 이유가 없으며 정당하지도 않는 두려움입니다.' 그의 연설은 어려움을 극복하고자 하는 의지와 성공할 수 있다는 믿음을 전해 주었다. 그리고 뉴딜정책으로 경제공황을 이겨냈다.

처칠에게서도 이와 비슷한 예를 찾을 수 있다. 처칠은 히틀러가 유럽 대부분을 장악한 제2차 세계대전 속에서도 '우리는 흔들리지 않을 것이며 지치지도 물러서지도 않을 것입니다'라고 말했고 결국 그 말에 책임을 졌다. 오랜 야인생활을 거치며 단련된 근성 덕에 어려울 것 같았던 전세를 뒤집을 수 있었다. 처칠의 이 말은 2001년 9.11테러 직후 부시가 연두교서를 통해 인용했던 것으로도 유명하다.

이처럼 성공한 리더들은 잠재능력이 있는 후계자 양성에 힘쓰면서 멀리 내다보는 안목도 지녔다. 또한 시간이 걸리더라도 말과 행동을 일치시키기 위해 노력했다. 이 원칙들은 속도와 기교를 중시하는 디지털 시대에 느리더라도 확실한 경쟁력으로 당신을 돋보이게 할 것이다.

Analog action Plan

— 스스로의 말과 행동에 책임을 져라. 그래야 느려도 빛이 난다.
— 멀리 내다보고 긴 호흡으로 살아가라.
— 숨은 인재를 찾아라. 이러한 작업이 나와 연결될 때 시너지 효과를 가져다준다.

2. 급할수록 돌아가라

시간에 쫓기다 보면 때를 놓칠 때가 많다. 한끼를 굶고 고픈 배를 채우기 위해 음식을 보면 마음이 급해진다. 시간이 얼마 없을 때라면 빨리 배를 채우고자 조급함은 더 심해진다. 그러다 보면 과식을 하거나 폭식을 하게 되고 결국은 급체하게 된다. 위 크기는 일정한데 못 먹은 분량을 더 채우겠다고 우격다짐으로 밀어넣는 음식이 소화가 될 리 없다. 급히 먹는 밥은 체하는 법이다.

세상 사는 이치도 이와 비슷하다. 권모술수나 기교, 편법을 쓰면 일이 더 쉽고 빠르게 느껴질 때가 있다. 그러나 기교를 부리면 한 번은 통할지 몰라도, 두 번은 통하지 않는다. 시간이 걸리고 힘이 들어도 정면으로 부딪혀 나가는 것이 소화도 잘 되고 영양가도 높다.

유학을 마친 후 나는 경제부 기자로 다시 일을 시작했다. 한국은행, 국세청, 카드회사, 관세청, 주류회사 등을 가리지 않고 드나들면서 나는 경제분야에 대한 지식을 쌓아가고 있었다. 지금 생각해 보면 그 시간은 내겐 무엇보다 값진 경험이었다. 어려운 경제수치와 씨름하는 시간은 당시엔 힘들었지만 늘 모자라다고 생각했던 분야의 지식을 현장에서 얻는 것은 참 오랜만에 경험하는 행복이었다. 나는 새벽 이슬을 맞으며 출근을 해 퇴근 무렵 다시 취재원을 만나 뒷이야기를 듣는 식의 밤낮 없는 생활을 되풀이했다. 하지만 힘든 기억이기보다는 신선한 자극이었으며 겸허한 원칙을 다시 한번 확인했던 시간으로 추억한다.

그 시절 있었던 일이다. 2003년 1월, 환율이 요동치자 암달러가 날개 돋친 듯 팔려나가기 시작했다. 나는 남대문 시장 주변에서 성행하는 암달러 거래 현장을 잡기로 했다. 원래 암달러상은 어렵지 않게 발견할 수 있지만, 카메라에 담는 것은 그리 쉬운 일이 아니었다. 방송이 필요로 하는 것은 줄행랑치는 모습이 아니라 암달러의 시세가 어느 정도인지 카메라 안에 담아내야 하기 때문에 더욱 그랬다. 고민 끝에 우리는 어쩔 수 없이 동원하고 싶지 않았던 무기를 꺼내들었다. 바로 몰래 카메라였다. 나는 9년 전 몰래 카메라 방식의 취재를 했었다. 그렇지만 그때 나는 '존중 받고 고지 받아야 할 권리'를 침해하면서까지 취재를 해야 한다는 것이 원칙에 어긋난다는 생각이었다. 그래서 그 이후 그 방식을 쓰지 않으려고 노력했고 그 원칙을 9년 동안 지켰지만 이제 어쩔 수 없는 상황이 다시 벌어진 것이다.

나는 남대문의 큰손을 가장해 명품 가방 스타일의 몰래 카메라를 들고 암달러상에게 접근했다. "한 3천만 바꾸려는데요." 오랜만에 대목을 만난 할머니의 눈이 커지더니, 후한 가격에 쳐줄 수 있다고 했다. 그리고 바로 언제까지 필요한지, 정확하게 얼마를 요구하는지 물었다. 오랜만에 몰래 카메라를 들고 잠입취재를 했던 까닭에 조금 떨리기도 했고, 9년 전 에어컨 매점매석자의 범행현장을 담은 멘트와 화면이 몰래 카메라 고장으로 날아갔던 악몽도 함께 떠올랐다. 나는 카메라가 제대로 작동되는지 의심이 들어 도저히 대화에 집중할 수가 없었다.

처음에는 아무렇지도 않은 듯 자연스럽게 접근했음에도 불구하고 불안한 마음이 얼굴에 고스란히 전해지기 시작했다. 인근 백화점으로 부랴부랴 뛰어들어간 나는 카메라가 제대로 작동하고 있는지 확인했다. 초조한 마음으로 가방을 열었다. 물론 카메라는 멀쩡하게 돌아가고 있었다. 화장실을 찾는 나의 다급한 목소리도 그대로 담겨 있을 정도로 말이다. 다시 돌아온 나는 아무 문제가 없음을 확인한 터라 느긋하게 마음을 가다듬을 수 있었다. 자신감에 넘쳐 암달러상에게 암달러 시세와 최근에 줄을 잇는 고객들의 실상을 요모조모 물었다. 취재를 마칠 때쯤 나는 가방을 어깨에 멨다. 다양한 화면을 잡고 싶은 욕심이 생겼던 것이다. 마무리 화면을 위해 암거래상 할머니 앞으로 다가섰고, 가방을 메고 할머니 주변을 도는 씩씩한 촬영을 했다. 내가 보기에는 과감한 액션이었지만 다른 사람이 보면 상당히 정신이 불안정한 모습으로 비춰졌을 것이다. 3천만 원의 거액을 불러놓고 갑자기 딴짓만 하는 내가 할머니의 눈에도 이상하게 보이는 건 당연한 일이었다.

욕심만큼 화면을 담아내고 돌아서는 순간 할머니의 날카로운 한마디가 귓가를 때렸다. "야, 야!…" 나는 깜짝 놀라 "네?" 라는 대답과 동시에 뒤를 돌아봤다. 할머니는 의심 가득한 눈빛으로 말했다.

"너 가짜지? 텔레비전에서 본 것 같아." 순간 선글라스라도 끼고 올걸 그랬나 하는 생각이 스쳤다. 머뭇거리는 찰나 내게 다시 날아온 할머니의 마지막 한마디는 확실한 마무리 강타였다.

"거기, 이라큰가 뭔가 갔다온 이진숙 아니야, 너?"

나는 순간 '저… 김은혜인데요'라고 말하고 싶었지만 너무 놀란 나머지 허겁지겁 쫓기듯 자리를 떴다.

그 일이 있은 후 '원칙불변의 법칙'이 가슴에 사무쳤다. 절대 몰래 카메라를 쓰지 않겠다는 9년 전 원칙에 충실해야 했다. 명품 가방에 묻혀 슬쩍 담는 방법이 아니었으면 암달러상에 접근조차 할 수 없었겠지만, 실패하더라도 먼저 설득하고 내 사람을 만드는 노력을 했어야 한다는 후회가 앞섰다. 세월의 무게에 짓눌려 어느새 나도 적당히 타협하고 손쉽게 취재하려는 타성에 젖은 게 아닌지 아픔으로 다가왔다. 몰래 카메라는 잠입이 필요하면 어쩔 수 없이 쓰이는 도구지만, 그래도 나는 아직 보수적인 원칙주의자로 남고 싶다. 가급적 꺼내놓고 공개하며 설득하고 동의를 구하는 기본이 탄탄해야, 변주곡도 유연하게 들어갈 수 있는 법이다. 급할수록 돌아가야 한다. 급한 마음에 자신의 원칙이 대수롭지 않게 여겨지고 있지는 않은지 한번쯤 생각해 보자.

Analog action Plan

— 이번 단 한 번만이라는 얄팍한 요령과 변칙은 두 번 반복 못할 기교에 불과하다. 또한 지름길을 찾다 길을 헤매면 오히려 더 많은 시간을 낭비할 수 있다.

— 느리더라도 원칙의 정도로 가자. 당당하고 가장 빠른 길이다. 넓게 트인 탄탄대로로 정도를 걷자.

3. 후계자를 양성해라

자신의 경쟁력을 강화하기에도 급급한 경쟁의 전쟁터에서 아랫사람에게 무기를 쥐어 준다는 것이 그리 쉬운 일은 아니다. 하지만 나 혼자 무기를 갖고 있다고 해서 전쟁터에서 살아남는 것은 아니다. 혼자만의 영웅심으로 승리를 이끌어내는 것은 영화에서나 가능한 일이다. 현실에서 승리를 맛보고 싶다면 내가 들고 있는 무기를 아군 모두가 들고 있어야 한다. 기업도 마찬가지다. 기업의 후계자 양성은 조직의 경쟁력과 기업의 가치를 높일 수 있는 길이다.

우리나라의 많은 경영자가 기업을 이끌어가면서 고비를 넘기지 못하고 중도에 무너진 것은 일과 권한을 분산시키는 데에 거부감을 갖고 있기 때문이다. 과거 기업의 창업자 대부분은 출중한 개인 능력과 놀라운 근성으로 모든 일을 혼자 감당했었다. 그러나 기업의 규모가 커지면 모든 일을 한 사람이 맡기엔 한계가 있다. 따라서 핵심 역량에 대한 판단과 결정권, 비전을 제시하는 능력을 갖추면서 일을 나눌 줄 아는 미덕을 발휘해야 훌륭한 리더로 기업의 수명을 연장시킬 수 있다.

일본 마쓰시타 그룹의 창업자 마쓰시타 고노스케는 어릴 때부터 몸이 약해 남에게 일을 맡기는 데에 익숙할 수밖에 없었다고 고백한 적이 있다. 그러다 보니 일을 맡길 사람을 보는 안목이 발달하고 용병술이 늘 수밖에 없는 것이다. 그를 떠올리면 동물적인 감각으로 사람을 스카우트하고 자신의 사람을 만드는 데에 탁월했던 〈삼국지〉의 유비를 보는 느낌이다. 유비는 무명의 방랑가였던 조자룡을 발탁해 뛰어난 장수로 키워냈고, 읍참마속(泣斬馬謖)이라는 고사에 나오는 주인공 마속을 진작부터 간파해 공명에게 조심할 것을 경고했다.

이러한 일화는 오늘날의 기업 후계자 양성에도 적용된다. 후계자를 키우지 않는 회사는 미래가 없다. 대한상공회의소가 발표한 '오래 살아남은 기업들의 적자생존연구'에 의하면 모토롤라, 3M 등 대부분의 장수기업은 오랜 기간 내부경쟁 훈련을 통해 차기 경영자를 키워온 것으로 나타났다. 아날로그 비전 중 하나인 '사람에게 나눠주기'는 CEO와 후계자, 그리고 기업의 상품가치까지 동반상승시키는 마술 같은 효력을 발휘하는 것이다.

후계자 양성이 제대로 이뤄지지 않을 때에는 무책임한 CEO라는 오명으로 연결되곤 한다. 디즈니사의 마이클 아이즈너 회장은 1984년 취임 후 디즈니의 신화를 일구어냈지만 후계자를 양성하지 않고 독선적인 경영으로 창업자의 후손들과 마찰을 빚으면서 21년 만에 일선에서 물러났다. 후계자 키우기를 소홀히 하면 위기관리를 제대로 할 수 없다. 코카콜라 역시 1997년 로베르토 고이주에타 회장 사망 이후 7년여 동안 CEO를 세 번이나 교체하는 등 리더십의 부재를 드러내고 있다. 결과적으로 후계자를 양성할 줄 아는 사람이 성공적인 리더로 오래 남을 수 있는 것이다.

올라갈 때는 내려갈 때를 생각하고 처음에는 마지막을 생각해야 한다. 나는 미국 유학을 앞두고 고민이 있었다. 다음 아침뉴스 후임자를 선택해야 했기 때문이다. 1990년대 중후반의 1세대 벤처기업은 창의적인 아이디어로 기업계에 새로운 장을 열었지만 수익으로 연결시키기는 현실적인 적응능력이 부족한 경우가 많았다. 기자 출신 앵커의 등장도 비슷한 경우이다. 현장에서 뉴스 감각을 익혀 전문성을 갖추고 있지만 거칠고 투박한 기자의 진행은 부드럽고 매끄러운 기존 방식과 차이를 보이면서 낯설고 거북하다는 느낌을 주기도 했다. 하지만 현장 느낌을 살리는 장점이 있다. 선진국에서는 이미 기자 출신이 앵커가 되는 것이 일반화되어 시청자의 공감대를 얻어가고 있다. 뉴스 앵커의 가장 중요한 덕목은 누가 맡느냐가 아니라 얼마나 전달력과 흡인력이 있느냐이다.

나의 후임으로 두 번째 기자 출신 앵커가 배출됐다. 그리고 2년 뒤에도 역시 기자 출신 여성앵커가 진행을 맡게 됐다. 다른 공중파 방송사에서도 잇따라 여기자 출신의 앵커가 메인뉴스를 진행하기 시작했다. 어렵게 싹을 틔운 기자 출신 앵커는 우연을 넘어 현실이 되어 가고 있었다.

앵커의 전달방식과 뉴스 소화능력은 문서로 내려오거나 구전으로 전해지지 않는 방송가의 유일한 분야이다. 기사 쓰기나 뉴스를 읽는 방법은 체계적인 연구와 조사과정을 밟고 있는 데에 반해 앵커는 자신의 개인적인 매력과 능력에 의지하기 때문에 대부분의 노하우가 철저히 비밀에 부쳐지고 있다. 나는 유학을 떠나기 전 후배에게 보편적인 뉴스를 읽는 기법부터 기자로서 새롭게 뉴스를 해석하고 전달하는 방법, 그리고 스튜디오에서의 마음가짐까지 전달해 주었다. 기자 출신 앵커가 힘을 발휘할 수 있도록 하는 것은 최초의 기자 출신 앵커인 나의 의무라고 생각했기 때문이다.

자리에 집착하고 욕심을 내면 기교에 치중하게 된다. 문장을 읽다 호흡이 빨라지면 마지막 음절의 톤이 올라가는 것처럼 앵커도 시청자의 눈과 인기를 의식하기 시작하면 기본적인 소양보다는 외모나 분위기 등 눈에 보이는 시각적인 효과에만 연연하게 되는 것이다. 따라서 자신의 역량에 대해 끊임없이 스스로 위기감을 주어야 한다. 현장을 수시로 확인하고 사람을 직접 만나 흐름을 파악하는 내 일상도 그러한 노력의 일환이다.

기자로서 현장에서 바라보는 카메라의 렌즈는 둥글다. 어떤 멘트를 하든지 시청자들은 그 현장의 생생함으로 둥글게 받아줄 준비가 돼 있다. 그러나 스튜디오에서 앵커가 바라보는 카메라는 프롬프터가 잘 보일 수 있도록 네모난 각이 있다. 그래서일까. 시청자들은 앵커의 일거수일투족을 민감하고 예민하게 받아들인다.

내가 후배들에게 주문한 정신적인 지침은 각각의 모서리를 깎아서 기자 때처럼 둥글게 만들라는 것이었다. 길고 현란한 문장으로 방송시간을 낭비하는 언어유희의 모서리, 자신의 생각을 주입해 상품으로 포장하는 과욕의 모서리, 기자임을 잊고 '앵커'에 삶의 목적을 맞추는 착각의 모서리를 마음속에서 도려내라는 의미에서다. 1년 뒤 돌아와 지켜본 후배들은 훌륭히 해내고 있었다. 기본에 충실했고 기교에 매혹되지 않았다. 현재 기자 출신 앵커의 영향력은 점점 더 커지고 있다.

살아남는 사람이 많은 쪽이 승리하는 서바이벌 게임의 생존법칙을 우리는 몸에 익히지 못했다. 하지만 아직 늦지 않았다. 나와 한편이 될 수 있는 내 사람을 늘리자. 그 수와 비례해 성공의 중심에 서 있는 나를 발견하게 될 것이다.

Analog action Plan

— 나에게 없는 능력을 가진 사람을 찾아라.
— 나의 지식을 나눠 줘라.
— 어느덧 당신도, 당신의 분야도 부쩍 커져 있음을 알게 될 것이다.

4. 요약의 기술을 익혀라

자신의 생각을 일목요연하게 정리하는 기술은 말에 힘을 실어준다. 앵커의 멘트도 짧고 간결하게 의미를 전달하는 것이 더 효과적이다. 물론 짧다고 해서 일목요연해지는 것은 아니다. 전달하고자 하는 핵심을 분명하게 머릿속으로 정리하고 논리적으로 풀어나가야 한다. 자신의 생각이 분명하면 논리도 확실하게 표현되고 핵심도 정확하게 전할 수 있다.

2003년 2월, 최태원 SK 회장이 구속되기 직전의 일이었다. 기자들이 인터뷰를 위해 검찰청 포토라인에서 그를 기다리고 있었다. 보통 소환되는 재벌총수의 모습이란 굳게 다문 입으로 허공을 응시한 뒤 줄기차게 앞으로 전진하는 일명 마이웨이형이거나 검찰에서 모두 말하겠다며 다른 질문이 나올 여지를 차단하는, 공격을 최선의 방어로 생각하는 유형이 대부분이다. 당초 SK 홍보팀에서 최 회장에게 전달한 최종 문구도 '국민 여러분께 죄송합니다'라는 단 한 문장이었다. 그런데 현장에서는 이와 다르게 다소 길게 입장이 발표됐다.

'앞으로 반성의 시간을 갖게 되면 더 성숙한 인간으로 다시 태어나 좋은 지배구조를 가진 회사로 만들겠다.'는 내용이었다.

SK 홍보팀은 최 회장의 말이 좀 길어졌다면서 애를 태웠다. 위험을 줄이기 위한 시도로 제시한 단문이 여기저기 공격의 빌미를 제공할 수 있는 장문으로 늘어나 안타깝다는 설명이었다.

미국의 경제대통령으로 불리던 앨런 그린스펀 전 연방준비제도 이사회 의장은 절제된 언어로 시장을 장악하는 것으로 유명하다. 그의 절묘한 어휘구사력은 노벨경제학상을 수상했던 밀턴 프리드먼도 천재적인 솜씨라고 극찬했을 정도이다. 1996년 당시 주가가 계속 오를 것이라는 기대감으로 투자자들이 이성을 잃고 증시로 몰려드는 사태가 벌어졌었다. 그때 그는 단 2개의 단어로 사태를 잠재웠다. 그것은 비이성적 과열(Irrational Exuberance)이라는 의미의 단어였다. 그는 엔론 사태를 전염성 탐욕(Infectious Greed), 9.11테러 후 경기흐름을 소프트 패치(Soft Patch, 경기회복 국면에서 나타나는 일시적 경기침체)로 묘사하기도 했다. 잘못 개입하면 정책의 부작용이 물밀듯이 밀려닥치는 중앙 은행장의 위치에서 모호한 화법을 이용했던 것이다. 구체적인 언급을 피하면서 간략하게 핵심을 던져주는 메시지로 시장을 조심스럽게 인도하는 그의 화법은 철저한 리스크관리가 반영된 것이라 할 수 있다.

대화에서 요약의 기술이 힘을 갖기 위해서는 말을 줄이고 이미지를 보여주는 나만의 트레이드마크를 갖는 것이 중요하다. 트레이드마크는 백 마디 말보다 영향력이 크기 때문이다.

나만의 트레이드마크를 갖기 위한 방법은 다양하다. 히틀러의 수염은 길러보기도 하고 잘라보기도 하는 시행착오를 거친 끝에 선택된 고심의 산물이라고 한다.

승리를 기원하는 손가락의 'V'자 사인은 영국의 처칠 수상에게서 처음 유래되었다. 독일의 폭격기가 영국의 도시를 폐허로 만들고 있을 때 처칠은 국민들과 전쟁에 참여한 군인들에게 사기를 북돋워 주기 위해 'V'자 사인을 선보였고 이것은 승리에 결정적인 역할을 했다.

또한 처칠하면 중절모를 쓰고 시거를 물고 있는 모습이 떠오른다. 그가 자신만의 독특한 트레이드마크에 대단히 신경을 썼던 정치인임을 알 수 있다. 〈리더십의 비밀〉을 저술한 앤드류 로버츠에 의하면 처칠은 곁에 있는 토리당 하원의원에게 '당신의 트레이드마크를 잊지 마시오'라고 충고하기도 했다고 한다.

9.11테러로 미국인들의 시선이 온통 텔레비전 앞에 쏠려 있을 때 미국의 ABC, NBC, CBS 등 전 방송사 메인앵커들의 종일 생방송이 이어졌다. 그 중에서 단연 돋보이는 앵커가 있었다. 바로 ABC의 피터 제닝스다.

60시간을 넘게 뉴스 진행을 해야 했던 피터 제닝스는 양복상의를 벗은 채 와이셔츠만 입고 데스크를 지켰다. 그런데 진행이 순탄하게 잘 나가다가 초유의 사태에 그들은 의상으로 긴박감을 보여줬던 것이다. 순탄한 진행을 하던 중 방송사고가 났다. 미국의 뉴스는 중간광고가 허용된다. 그래서 광고가 나가는 시간에 앵커들은 숨을 돌린다. 중간광고를 마치고 카메라에 포착된 그는 입에 햄버거를 물고 있었다. 심지어 당황하는 모습이 그대로 전파를 탔다.

20년 넘게 국민들의 사랑을 받아온 그는 화면이 시작됨과 동시에 자신의 머그잔을 지그시 바라본 후, 자연스럽게 카메라를 쳐다보는 부드러운 시선처리가 인상적인 앵커로 유명하다. 그것이 그의 트레이드마크이기도 했다. 그런 그가 입에 햄버거를 물고 있는 모습이란 정말 상상하기조차 힘든 일이었다. 피터 제닝스는 자신보다 더 놀랐을 시청자들에게 '죄송합니다. 수십 시간 동안 생중계를 하다 보니 밥을 먹을 새가 없더군요.' 위트있는 답변으로 순발력을 발휘해 상황을 마무리 지었다. 그날 방송을 본 국민들은 피터 제닝스의 더욱 열렬한 팬이 되었다. 시국이 그렇지 않았더라면 방송사고로 받아들여질 수도 있었겠지만 긴 시간 자리를 지킨 헌신이 오히려 국민들에게 위로가 된 것이다. 피터 제닝스는 앵커이기 이전에, 친근한 이웃으로, 또 실수를 인정하고 겸손하게 받아들이는 따뜻한 성격의 소유자로 기억되기 시작했다.

이처럼 나만의 트레이드마크를 갖는 것은 대화에 힘을 실어줄 뿐만 아니라 그 사람을 오래 기억할 수 있도록 해주는 장치다. 이러한 트레이드마크는 패션과도 연관이 깊다. 의상이나 헤어스타일 등으로 자신의 단점을 보완하고 장점을 부각시킬 수 있기 때문이다.

보여지는 것은 말보다 파급효과가 크다. '음식은 자신이 좋아하는 것을, 패션은 남들이 좋아하는 것을 입으라'는 벤저민 프랭클린의 명언은 미국 정치권에서 유권자들을 향한 적극적인 전술을 의미하는 말로 유명하다.

지난 2000년 대선에서 앨 고어 후보는 군복차림의 의상을 자주 입고 나왔다. 토론 때마다 어쩔 수 없이 귀결되는 모범생의 이미지를 탈피하기 위한 시도였다. 그는 열정도 있고 학력도 화려하다. 하지만 상대적으로 경험이 부족했다. 그래서 외모에서 이미지를 변화하는 방법을 모색한 것이다.

클린턴 전 대통령은 2000년 아내 힐러리 클린턴의 상원의원 출마 발표 때 아내를 돕는 '외조형' 남편의 모습을 부각시키기 위해 일부러 부스스한 머리스타일로 나타나 효과를 보기도 했다.

미국의 여성 관료들과 정치인들은 일에서 남성보다 훨씬 적극성을 보이면서 외모를 가꾸는 것 또한 열심이다. 그들은 여성스러움을 포기하지 않고 장점으로 활용한다.

클린턴 시절 국무장관이었던 매들린 울브라이트는 남북정상회담 후 우리나라를 방문했을 때 햇볕정책의 상징으로 선버스트 브로치를 하고 등장했다. 또한 이라크 언론이 그녀를 독사라고 비난한 직후 이라크 외교관을 만날 때에는 뱀 브로치를 달았다. 그녀의 브로치는 여러 가지 의미를 담고 있다. 중동 방문 때에는 평화를 상징하는 비둘기 브로치를, 러시아 방문 때에는 강력한 힘을 보여주는 독수리 브로치를 다는 등 그녀의 브로치는 외교석상에서 노골적으로 말할 수 없는 메시지를 전달하는, 작지만 강한 힘의 상징이었다.

콘돌리자 라이스 미 국무장관은 인도와 파키스탄, 아프가니스탄 등 남성 중심 국가를 방문할 때에는 바지정장을 입는다. 색상도 권력을 상징하는 검은색과 흰색의 무채색 계열을 선택한다. 기선 제압에 나서는 그녀의 외교적 기술이 발휘되는 부분이다.

이 밖에도 영국의 마거릿 대처는 강한 지도자를 원하지만 여성으로서는 남편에 대한 존중과 섬세한 내조를 원하는 영국 국민들의 복잡한 가치관에 맞추기 위해 공식파티에서는 화려한 드레스를 입으면서도, 국민들이 식상해할 무렵엔 남편을 위해 장을 봐야 한다며 장바구니를 들고 퇴근했다고 한다. 이처럼 자신의 이미지를 만들고 트레이드마크를 갖는 것은 여러 모로 쓰임새가 많다. 자신의 부가가치를 높이는 것이 문제해결의 열쇠가 될 수 있다는 점을 기억하자.

Analog action Plan

— 짧게 말하라! 의미가 분명해진다.
— 이미지로 말하라! 백 마디 이상의 효과가 있다.
— 조그만 소도구에 더욱 신경 써라! 작을수록 영향력은 커진다.

5. 내 사람으로 만드는 아날로그 화법을 익혀라

한번 내뱉은 말을 지켜야 하는 것은 말도 일종의 행동이기 때문이다. 하지만 원칙이 있고 신뢰가 있어도 대화에 진심을 담아내는 기술이 없다면 모두 헛수고가 된다. 아무리 좋은 콘텐츠도 상대방에게 효과적으로 전달되지 않으면 다 된 일도 그르치는 수가 생긴다. 그만큼 화법의 기술은 인간 관계에서 중요하게 작용하며, 화법의 기술이 뛰어난 사람은 그렇지 않은 사람보다 성공할 확률이 높다.

우리는 인터넷을 통해 세상을 본다. 숫자와 디지털 언어의 홍수 속에 자신의 말을 하는 데에는 익숙하지만, 잘 들어 주고 진심을 넌지시 얘기하는 아날로그 대화는 어느새 서툴게 돼 버렸다. 대화의 기본은 상대방의 마음을 읽는 데에서 시작된다. 대중이 호감을 갖는 정치인이나 기업인을 보면 상대방의 이야기를 귀담아들어 주고 무언가 나의 입장에서 대변해 줄 것 같은 사람이 많다.

대화를 하다 계속 언짢은 기분이 드는 사람은 주로 자신의 입장을 강하게 내세우고 설득하려는 쪽이다. 서로의 이야기를 주고받는 게 아니라 강요받는 기분이 들어 대화 자체를 꺼릴 수밖에 없다. 기분 좋은 대화를 이끌어내기 위해서는 먼저 상대방의 의견을 진지하게 끝까지 듣는 자세를 지녀야 한다. 그래야 상대도 경계를 허물고 마음의 문을 열게 된다.

취재를 하는 기자 입장에서도 이 같은 법칙은 예외가 아니다. 질문을 잘하는 것도 중요하지만 귀담아듣는 습관이 몸에 배어야 한다.

51살의 조모 씨는 자신이 살던 집이 재건축에 들어가자 다른 곳에 집을 마련했고 재건축이 완성된 지 10개월 만에 재건축된 주택을 팔았다. 재건축될 집에 살 사람들은 그 집에 그냥 살던, 다른 집을 구해 살던, 1년 안에 살던 집을 팔면 양도세를 물지 않아도 된다. 1가구 2주택이 적용되지 않기 때문이다. 그런데 국세청은 전에 허문 재건축 주택과 새로 지어진 재건축 주택은 별개라면서 1천만 원이 넘는 양도세를 낼 것을 통보했다. 전국적으로 부동산 투기와 전쟁을 벌이면서 서민들의 재건축까지 양도세를 물리는 형평성 없는 조치였다.

조모 씨는 3년간 국세청과 힘겨운 싸움을 벌였다. 일용직 노동자 생활을 하며 간신히 20평짜리 집을 장만했는데 몇 달치 월급을 양도세로 내는 것은 너무 억울한 일이었다. 그는 골리앗과 맞서는 다윗이 되기로 마음먹고 재벌도 두려워하는 국세청과 싸웠다. 그 결과, 국세청은 기존의 해석을 뒤집고 재건축 주민이 다른 집에 살다가 재건축 주택을 팔 때 부과되는 양도세는 적법하지 않다는 판정을 내렸다. 어지간해선 예외를 인정하지 않는 국세청이 조 씨의 끈질긴 항의에 결국 손을 들었다. 그리고 양도세 조건 완화라는 정책을 발표했다. 조 씨의 노력으로 수십만 재건축 대상자가 혜택을 받게 된 것이다.

나는 사연을 보도하기 위해 인터뷰를 요청했지만 그는 거절했다. 이미 판결은 받아냈고 언론에 자신의 신상을 공개하고 싶지 않다는 것이 이유였다. 나는 그의 집을 찾아가 2시간을 기다렸다. 한겨울 한파에 마냥 기다리게 하는 것이 안타까워 보였는지 그가 마지못해 집 밖으로 나왔고 다행히도 그간의 사정을 들을 수 있었다. 그는 3년 동안 일일이 서류를 들고 뛰어다니느라 돈벌이도 제대로 못했다. 세무서는 경멸 섞인 시선 속에 차가운 반응만 보였다. 그래도 굴하지 않자 협박에 가까운 험담까지 들어야 했고, 그는 상처받은 기억을 술로 달랬다.

한참을 머뭇거리다 봇물 터지듯 쏟아진 그의 이야기에는 말로 다 표현할 수 없는 마음고생이 절절히 배어 나왔다. 지난 3년간의 외로운 투쟁 속에 그가 정말 절실하게 원했던 것은 자신의 억울한 사연을 조건 없이 들어 줄 사람이었다. 2시간 넘게 그의 이야기를 들어

주면서 그 마음을 이해할 수 있을 것 같았다. 구구절절한 사연을 방송에 다 담지는 못했지만, 거대권력의 국세청을 굴복시킨 그의 집념을 보도했던 것은 우리의 가슴을 조금은 시원하게 해준 방송으로 기억되고 있다. 그가 마음을 토해내고 상처에서 회복된 것처럼 때로는 상대방의 이야기를 들어 주는 것만으로도 우리는 상대를 위로할 수 있다.

대화할 준비가 되어 있는 CEO는 아름답다. 존슨앤드존슨의 CEO였던 짐 버트는 자신의 일과 중 40%는 직원들과 대화하는 것에 할애한다고 한다. 회사의 목표와 미래의 가치를 함께 만들어 가기 위해 대화로 신뢰를 쌓기 위해서다. 상대방의 이야기를 들어 주는 것은 조직과 인간 관계에 활력을 준다. 서로의 눈빛을 보며 감정을 나누고 대화하자. 지나가다 후배나 부하직원의 어깨를 툭 치며 지긋한 눈빛을 보내는 것처럼 상대에 대한 신뢰를 효과적으로 전달하는 방법은 없다. 이것이 바로 이메일 100통 보다 훨씬 영향력 있는 아날로그적인 전달력이다.

이야기를 경청하는 것 다음으로 중요한 것은 상대방의 마음을 헤아려 말하는 센스이다. 말을 할 때에는 상대방의 입장에 서서 한번 더 생각해 봐야 한다. 상대방에 대한 관심과 정보 없이 빈말을 늘어놓는 것은 대화의 신뢰도를 떨어뜨린다. 대화를 할 때에는 생각나는 대로 내뱉지 말고 3초 정도 생각하고 말하는 습관을 들이자. 이때, 가급적 하지 말아야 할 말 여섯 가지를 살펴보면 다음과 같다.

“오늘 얼굴 안 좋으시네요.” 몸이 안 좋다는 것은 이미 자신도 알고 있을 것이다. 자신의 건강이 나빠지고 있다는 사실을 공식적으로 인증해 주는 말을 좋아할 사람은 없다. 이럴 때에는 목을 축이라고 가볍게 말하면서 건강을 살피라는 속내로 드링크제라도 건네는 것이 훨씬 효과적이다.

“식사 한번 하시죠.”, “나중에 전화 한번 하겠습니다.”는 일상적인 인사말처럼 사용된다. 이 같은 인사는 말 그대로 인사로 끝나는 경우가 대부분이다. 말을 행동으로 옮기지 못할 때의 실망감은 더 짙고 오래 간다. 무심코 쉽게 던진 인사말이 평생 불신의 덫이 될 수도 있다는 것을 기억해 두자.

“저를 잘 모르시겠지만 저는 당신을 잘 압니다.” 첫 만남부터 위협적인 공포 분위기를 조성하고 싶다면 이런 인사말을 써도 된다. 좋은 기억을 갖고 있다는 표현으로 사용한 것일 수도 있지만 상대는 초면에 이런 인사를 하면 ‘저 사람 집요하고 찜찜한 성격인가?’ 하는 의심을 하게 된다. 이럴 땐 “말씀 많이 들었다”거나 “존함을 많이 들었다”는 식의 겸손한 인사를 건네야 첫 만남이 자연스럽게 이어진다.

“회사가 잘나가서 좋으시겠어요.” 회사는 잘나가지만 그 사람이 잘나가는지는 아무도 모른다. 집단적인 결과를 개인에게 적용하지 말자. 직장과 그를 동일시하는 것은 무례로 비쳐질 수 있다. 이처럼 인사말을 할 때도 상대방을 깊이 헤아려야 한다. 이야기의 맥을 끊는, 요즘 말로 생뚱 맞은 이야기를 꺼내면 흐름이 끊겨 할 이야기도 다 못하는 일이 벌어질 수 있기 때문이다. 아날로그 화법을 익히는 것은 나의 경쟁력을 강화시켜 준다는 것을 기억하자.

Analog action Plan

— 상대방의 이야기를 잘 듣자. 듣는 것만으로도 절반은 이룬 것이다.
— 상대방의 입장이 되어 줘라. 대답이 달라진다.
— 할 말보다는 하지 말아야 할 말에 신경쓰자. 말은 잘해야 본전이다.

Step 3 자기관리

1. 발로 뛰어라! 경험이 재산이다

급변하는 디지털 시대에서 자신의 내면을 들여다보고 원칙과 의리를 지키는 여유는 점점 사라지고 있다. 개개인의 만족이 우선 되다 보니 다른 사람을 확인하고 끌어들이는 마음의 여유도 사라졌다.

혼이 없는 제품은 가볍고, 책임지지 않는 프로젝트는 오래 가지 못한다. 나는 앵커로서 뉴스를 전하지만 현장에서 시작했고 현장을 지켜야 하는 기자로서의 사명을 잊지 않기 위해 노력한다. 현장을 찾을 때 간혹 "앵커가 뭘 별걸 다해요?"라는 말을 적지 않게 듣는다. 하지만 현장을 떠나 있는 앵커는 상상조차하기 힘들다. 몸이 편안해질수록 마음은 부지런히 움직여야 한다. 또한 앵커로서 경력이 쌓일수록 기자로서의 훈련도 더욱 강도 높게 이뤄져야 한다는 것이

나의 생각이다.

"혹시 김은혜 앵커 아니세요? 여기서 뭐하세요?" 경기도 문산의 한 공동묘지를 두리번거리던 나를 묘지 관리자가 불러 세웠다. 당시 나는 경제부 기자로 국세청을 출입하면서 가짜 양주를 취재하기 위해 그곳에 잠입했었다.

연간 1조 5천억 원의 시장 규모로 위스키 수입 증가량 세계 1위의 나라가 바로 대한민국이다. 모르긴 몰라도 애주가라면 가짜 양주로 머리가 지끈거리는 경험을 누구나 한번쯤 해봤을 것이다. 하지만 가짜 양주는 언론에서는 거의 다뤄지지 않았다. 엄청난 세금 탈세에도 단속은 없었다. 대부분 조직폭력배 중심의 점조직 형태로 유통되기 때문에 적발도 어렵고 조직의 실체도 드러나지 않고 있다.

나는 주류업계를 조사하다 '인적이 뜸한 공동묘지나 비닐하우스에서 가짜 양주를 만들어 업소에서 주문이 오면 제공한다.'는 첩보를 얻어냈다. 그리고 몇 군데 공동묘지로 범위를 압축해 탐문취재에 들어갔다. 그러나 그곳에서는 별 다른 소득이 없어서 유흥업소에 대한 잠입취재에 들어갔다. 우리 팀은 카메라 기자를 고객인 양 단란주점에 들여보내고 업소종업원들을 만나 취재인지 취조인지 고문하듯 묻다가 가짜 양주 제조 방법을 알아냈다.

"제일 싼 술 있잖아요. 5~6천 원 하는 거. 그것 부어서 만든 뒤에 술이 취하면 마음대로 '작업' 들어가요. 뻔히 보는 데에서 들어가도 몰라요. 새것보다 더 실감나게 뚜껑을 따기 때문에 절대 알 수 없어요." 이렇듯 현장을 지켜서 얻는 정보는 사실 여부의 확인 외에도 사실을 그대로 전해 주는 생동감이 압권이다.

현장 취재를 하다 보면 예상치 못한 소득을 얻기도 하고 또 한편으론 예기치 않은 사고가 나기도 한다. 이런 일도 있었다. 미군부대 군인들이 PX에서 맥주와 양주, 햄 등 돈 되는 상품을 인근 가게에 팔면, 그 물건이 고스란히 남대문으로 들어갔다. 우리는 이러한 경로를 추적하기 위해 사흘을 동두천으로 출근하다시피 했다. 도둑고양이처럼 밤마다 몰래 촬영하기를 사흘째. 가게를 떠난 트럭을 추적해 보니 도착한 곳은 다름 아닌 남대문이었다.

잠입취재를 위해 고객으로 가장한 카메라 기자에게 주인은 "여기는 PX하고 면세점에서 들어오는 게 많아. 싸거든. 가짜 염려 없어서 많이들 찾고"라며 자신 있게 이야기했다. 비록 미군에 대한 군과 경찰의 단속은 수포로 돌아갔지만, 면세점의 경우는 30억 원대 양주를 면세점에서 빼돌린 세관 영업소장 등 밀수 조직의 적발로 이어졌다.

직접 보고 느끼는 경험은 나이가 들수록 더욱 빛나는 재산이 된다. 이것은 기업의 리더에게도 적용된다. 현대기아차그룹 정몽구 회장 하면 돌파력과 현장주의가 떠오른다. 그는 안 되는 것도 되게 하라고 밀어붙여 임직원들이 난감할 때가 한두 번이 아니었다. 가령 강판공급에서부터 완성된 자동차의 판매까지 수직계열화를 위해 한보철강 인수를 관철시킨 일이나 그룹 안팎의 우려에도 불구하고 1998년 미국에서 '10년 10만 마일 보증제도'를 실시한 것도 그랬다. 그의 불도저 같은 고집은 1998년 17만 대에 불과하던 미국에서의 현대자동차 판매량을 2000년 40만 대, 2001년 57만 대로 늘려놓았다. 3년 만에 330%의 폭발적인 증가세를 보여준 것이다.

그의 뚝심은 연원이 오래 됐다. 고등학교 때 럭비부 주장을 했던 근성의 소유자답게 회사생활도 자동차 정비와 수리부터 배웠다. 그렇게 현장에서 쌓은 경험을 바탕으로 업무를 익힌 그는 2만 개의 자동차 부품조달이 미국에서 여의치 않자 임직원들과 함께 자동차 부품을 싣고 전국 순회서비스를 직접 다녔다. 현장에서 고객의 불만을 직접 듣는 현장 경영은 간부들에게 강조되는 지침이었다.

정 회장의 지시로 현대자동차그룹의 임직원들은 1년에 한 번씩 AS사업소에 들어간다. 현장에서 제기되는 불만을 연구개발 과정에 담아야 하며, 영업사원도 소비자들이 무엇을 원하고 무엇을 불편해 하는지 알아야 한다는 취지에서이다. 그래서 연구개발 담당 신입사원들은 입사 후 6개월을 AS현장에서 보내고 있다. 직접 보고 느끼는 현장 경험은 나를 돋보이게 하는 깊이와 여유를 제공해 준다는 것을 기억하자.

Analog action Plan

— 성공하고 싶다면 직접 보고 느껴라.
— 현장을 지켜라. 예상 못한 수확이 항상 당신을 기다리고 있다.
— 현장 경험을 계속 업데이트하라. 당신을 차별화할 성공 콘텐츠이다.

2. 아날로그 파워! 느림의 미학

나만의 원칙을 지키며 자신의 색깔을 찾는 것, 그리고 내 주변 사람들과 믿음과 신뢰를 쌓아가는 것이 무엇보다 중요하다. 이것은 하루아침에 이루어지는 것이 아니다. 시간을 투자하고, 마음을 나누는 시간이 많아지면 많아질수록 그 깊이는 더 깊어진다. 성공으로 이끌어주는 아날로그의 힘은 느림의 미학에서 시작된다.

주황색 공중전화에 10원짜리 동전 두 개로 통화를 했던 시절이 있었다. 그 시절에는 약속을 하고 누군가를 기다리는 것도 익숙했다. 지금처럼 1분만 늦어도 휴대전화로 전화해 확인을 하고 빨리 올 것을 독촉하는 문화는 상상도 하지 못했다. 휴대전화 문화가 익숙한 세대는 공중전화의 운치와 누군가를 기다리는 설렘이 어떤 즐거움을 주는지 느끼지 못할 것이다. 그래서 가끔 나는 휴대전화를 꺼놓고 그 시절을 추억해 보고 싶을 때가 있다.

21세기를 살아가는 사람들에게 익숙한 휴대전화와 인터넷은 이상한 병을 낳고 있다. 하루라도 인터넷이 안 되고 휴대전화가 없으면 금단현상을 일으키는 사람들이 많아지고 있다. 불안하고 초조하게 만드는 디지털 금단현상은 개방과 연결이 화두인 디지털 시대에 한시라도 외부와 연결돼 있지 않으면 뭔가 뒤처지는 것 같은 박탈감으로 우리에게 다가온다. 더 많은 사람을 만나고, 연락을 취하지 않으면 관계의 끈이 끊어지고 정보의 경쟁에서 낙오자가 될지도 모른다는 강박관념이 어느새 우리를 지배하고 있는 것이다.

디지털 금단현상에서 벗어나기 위해서라도 가끔은 휴대전화를 완전히 꺼놓는 것을 권하고 싶다. 하루에 한 시간이라도 외부와 접속을 끊고 나만의 시간을 가져보자.

미국에서 두 번째 부자이자 투자귀재로 불리는 워런 버핏의 사무실에는 컴퓨터도 없고 그 흔한 주가정보단말기도 찾아볼 수 없다. 물론 휴대전화도 사용하지 않는다. 기업정보와 자료를 보내는 팩스가 그의 투자를 결정하는 유일한 디지털 매체다. 그는 혼자 생각하고 독서하며 철저히 자신과 만나는 시간으로 하루의 대부분을 보낸다고 한다. 그가 부자가 된 후 생긴 사치스런 병이 아니다. 40년을 '사색'과 '고요'를 즐기며 살았다. 그는 자신의 원칙대로 행동하는 것을 가장 큰 성공비결이라고 말한다. 일을 할 때도 자신의 소신에 확신을 갖는 순간 주저하는 법 없이 바로 결정을 내린다. 아날로그적인 사고가 디지털 시대의 성공으로 이어진 사례다.

명상전문가가 된 람다스도 하루에 한 시간은 조용히 앉아 있는 습관을 들일 것을 권하고 있다. 우리는 사람들과의 관계를 이어가기에 급급해 정작 나 자신을 돌아보는 일에 인색하다. 스스로를 돌아보는 기회를 잊고 살다 보면 점점 자신과의 만남이 낯설게 느껴지게 된다. 그렇게 낯설게 느껴지는 시간이 길어지면 살아가는 것 자체가 두려워질 수 있다. 남의 시선을 의식하고 남의 기준을 쫓아가다가 정말 중요한 것을 잃어버릴 수 있다는 사실을 기억해야 한다. 내 안의 원칙이 원심력이 되어 세상을 움직여야 하기 때문이다. 바쁠수록 나만의 시간을 갖는 것이 무엇보다 중요하다.

이러한 아날로그적인 삶의 태도는 일과도 연계해 생각해 볼 수 있다. 일을 할 때도 한순간의 결과보다는 더디더라도 과정이 중요하다. 작은 불씨가 큰 불을 일으키려면 서서히 타들어가는 시간이 필요하다. 신뢰의 불꽃도 마찬가지다. 신뢰란 천천히 타들어가는 시간이 길면 어느 순간 순식간에 번지는 불처럼 불길이 치솟는다. 그만큼 오랜 시간을 투자해야 한다. 인정받지 못한다고 조급해할 필요가 없다. 스스로 원칙을 지키며 실력을 쌓고 기다리면 한순간은 오해가 생기거나 인정을 받지 못해도 언젠가는 반드시 진정한 승리자로 평가받을 날이 온다.

참다운 성공의 기술이란 '빠름'에 있지 않다. 일의 성과에 대한 부담에 짓눌리면서, 치열한 경쟁에서 초고속 승진을 하면서 살아남아도 언제 직장에서 내 책상이 없어질지 모르는 살벌하게 느껴지는 현실은 중심을 잃게 한다. 그래서 나는 느림의 미학을 사랑한다. 조급함 때문에 더 먼 곳을 보지 못하고, 삶의 원칙을 저버리는 것은 순간의 기쁨을 위해 평생을 저당잡히는 일이 될 수 있기 때문이다. 성공에 목말라하며 눈에 보이는 것만 생각하기보다는 느리더라도 사람에 대한 올바른 믿음과 신뢰를 바탕으로 한 오랜 기다림으로 승부해야 한다.

Analog action Plan

— 하루 한 시간이라도 휴대전화를 꺼놓고 생각할 시간을 갖자.
— 명상의 시간을 가져라.
— 인정받지 못하더라도 조급해하지 말라. 신뢰는 오랜 시간을 필요로 한다.

3. 아날로그적인 삶, 자연에서 찾아라

지구는 자연이 차지하고 있는 비중이 매우 큰 별이다. 어떻게 보면 식물이 가장 막강한 존재다. 숫자로 따지면 사람보다 곤충이 훨씬 많다. 46억 년의 지구 역사 속의 식물과 곤충의 공생에는 일관된 원칙이 있다. 그들의 삶 속에는 일류가 아니면 살아남지 못한다는 비정한 논리도 없고 목표보다 수단이 우선시 되는 비겁함도 없다. 우리가 자연을 보면 평안과 고요를 느끼는 이유도 이런 점 때문이 아닐까. 그래서 우리는 자연을 벗삼아 삶을 충전하려고 하는지도 모른다. 지구의 나이와 견주어 볼 때 인간이 태어나서 죽는 날까지의 시간은 손뼉 한번 치는 순간이라는 인류학자의 말처럼 자연의 위대함과 거대함은 말로 표현하기 힘들다.

자연을 닮을 수 있다면 우리는 자연스러운 경쟁력을 가질 수 있을 것이다. 자연과 함께 호흡하는 삶은 아날로그적인 삶에 보다 가깝게 다가설 수 있도록 도와준다. 주 5일제 실시 이후 자연은 사람들을 맞느라 바빠졌다. 통나무집, 펜션, 주말농장 등 자연을 즐길 수 있는 곳들은 연일 성황이다. 도시 빌딩 숲 안에서 숨이 막힐 듯한 매연과 함께 살면서 생긴 스트레스 등 현대문명의 독소를 풀어 버리고 싶은 심리 때문이다.

요즘 사람들은 디지털 세상의 출발점이자 종착역인 자연에서 피로를 풀고, 자연과 더불어 살기를 원한다. 그래서 상품도 자연을 강조해야 잘 팔린다. '유기농' 먹거리, '웰빙' 전원주택 등이 각광받는 것을 봐도 알 수 있다. 자연과 함께 살고자 하는 추세는 국내뿐만 아니라 세계적인 유행이다.

이베이 CEO 맥 휘트먼은 어렸을 때부터 캠핑을 즐기며 자연을 가까이하기로 유명하다. 그녀는 하룻밤을 보내기 위해 땔감을 모으고, 열매를 캐고, 물고기를 잡아 식사를 해결해야 하는 캠핑을 하며 모험심을 키웠다. 무에서 유를 창조하는 실리콘밸리 벤처비지니스의 속성을 어렸을 때부터 체득한 셈이다. 그녀의 힘의 원천은 자연에 있음을 입증해 주는 일화가 있다. 2002년 스위스 알프스 산에서 세계 27개 나라 이베이 지사장들의 워크샵이 열렸다. 그녀는 업무를 보고받은 뒤 어떻게 하산할지에 대해 지사장들과 이야기를 하게 되었다. 당시 그녀는 험한 하산길을 주저했던 임원들을 뒤로 하고 산악자전거를 타고 내려왔다. 물론 나머지 사람들도 그녀를 보고 따라나설 수밖에 없었다고 한다. 안정적인 회사를 과감히 나와 이베이에 투신해 IMF 이후 연속 흑자를 달성한 그녀의 승부 근성은 자연과 맞서는 두둑한 배짱이 만들어 낸 결과였다.

세계적인 기업 리더들은 자연과 더불어 살아가는 삶을 지향하는 경우가 많다. LG 구본무 회장도 이를 입증해 주고 있다. 그가 택한 방법은 '새' 사랑이다. 그의 여의도 집무실에는 망원경이 있다. 일을 하다 시간이 날 때 망원경으로 새를 관찰하기 위해서다. 그의 새에 대한 식견은 거의 박사급이다. 오죽하면 구본무 회장을 취재하고 싶으면 밤섬의 새가 있는 나무 쪽에 서서 플래카드를 들고 있으면 연락이 올 것이라는 농담 섞인 이야기가 오고간 적도 있다. 또 LG트윈타워 꼭대기 난간에 천연기념물 황조롱이 부부가 둥지를 틀자 알을 낳는 것을 돕기 위해 사옥 전체에 특별보호령을 내렸다는 일화도 유명하다. 구본무 회장은 서면인터뷰를 통해 거친 도전과 응전에 끈질긴 생명력을 발휘하는 자연의 모습 그대로 기업경영의 모범을 삼는다고 밝혔다. 그는 또한 사업구상과 기초체력을 유지하기 위해 자연 속에서 걷기를 즐긴다고 한다.

자연과 더불어 삶의 여유를 찾는 것은 보다 나은 내일을 준비하는 활력이 된다.

나의 자연탐구법은 단연 여행이다. 여행은 '영원' 앞에 겸손해야 함을 가르쳐 준다. 자연을 좋아하는 사람 중 악한 사람이 없다는 법칙을 거듭 확인하는 자리이기도 하다. 대학시절 혼자 떠난 유럽 배낭여행은 내게 인생의 보약이었다. 핀란드의 침엽수림, 노르웨이의 피오르드, 스위스의 융프라우에서 본 거친 웅장함은 상대적으로 숨결 고운 한반도 안에서 우리가 살길은 기술이고 사람이어야 한다는 사실을 느끼게 해줬다.

중세시대에는 성인이 되기 위해서는 반드시 장기간의 여행을 거쳐야 했다고 한다. 괴테와 바이런의 경우도 여행을 하며 작품의 영감을 얻어 명작을 쓸 수 있었다. 이처럼 자연이 주는 진리와 자극은 사람의 잠재능력을 북돋워 준다. 자연을 찾음으로써 우리는 재충전의 기회를 갖고 마음의 여유를 가질 수 있다.

점점 더 빠른 것을 원하는 현대인들의 조급증 때문에 물만 부으면 즉석에서 요리가 만들어지는 인스턴트 음식이 성행이다. 그런데 인스턴트 음식은 빨라서 간편하고 맛은 있을지 모르지만 칼로리는 높고 영양소는 부족하다. 아동비만이 늘고 청소년들이 체격은 커지면서도 허약한 약골이 되는 이유가 여기에 있다. 오랜 시간 뜸들여 조리한 음식은 그만큼 안 좋은 성분이 빠져나가도록 도와준다. 장시간 자연과 함께 발효된 김치나 장 종류가 대표적이다. 오래 기다린 만큼 우리 몸에도 좋다. 뿐만 아니라 믿을 수 있고 부작용도 없다. 더딘 발걸음에 마음이 조급해지더라도 천천히 원칙을 지키는 아날로그적인 사고를 음식에서도 가져야 한다. 빠른 단백질 공급으로 성장을 촉진시키기 위해 소에게 동물성 사료를 먹였다가 광우병 파동으로 이어졌던 일이 있었다. 원칙을 지키지 않고 변칙으로 가면 이 같은 결과를 낳을 수밖에 없다. 아날로그적인 삶은 곧 자연과 함께 호흡하고 그 안에서 마음의 여유를 찾는 데서 시작된다. 금세 뜨거워졌다 금세 식는 인스턴트를 버리고 조금 더디더라도 확실하게 곰삭는 아날로그적인 삶에 좀더 가까이 다가서자.

Analog action Plan

— 자연과 더불어 살아가는 삶을 지향해라.
— 여행을 즐기고 모험심을 키워라.
— 유기농 음식을 가까이하라.
— 사람의 성공비법은 자연과 동식물이 가지고 있다. 그들을 배워라.

4. 10년 후 필요한 공부, 지금부터 시작해라

우리가 살아가는 인생을 표시해 주는 시계가 있다고 가정해 보자. 시계는 건전지를 넣어두면 돌아가기는 한다. 하지만 정확한 시간을 나타내게 하려면 누군가의 손이 필요하다. 내 인생의 시계는 내 손으로 맞춰야 한다. 남이 맞춰 주는 시간에 맞춰 사는 것은 남의 인생을 대신 살아 주는 것과 같다.

남에 의해 더디게 표시되거나 잘못된 시간을 가리키게 되는 것은 온전히 자신의 책임이다. 인생의 시계를 스스로의 노력으로 정확하게 움직이게 하려면 매순간 자신을 업그레이드할 수 있는 방법을 찾아야 한다. 현재의 수고가 더 큰 만족을 주는 미래를 만들어 주기 때문이다.

미래가 담겨 있는 목표는 현재에 적용할 수 있는 행동지침을 더욱 정교하게 만들어 준다. 언제 다가올지 모르는 하루, 한 시간, 혹은 몇 분을 위해 준비하는 시간은 10년 후의 내 모습을 선명하게 비춰 주는 작업이다. 목표를 정하고 현재를 철저히 준비하는 사람에게 미래가 열린다.

내게도 그런 시간이 있었다. 스탠포드대학에서의 1년은 기자로서의 지난 10년을 접고 앞으로 10년을 준비하는 시간이었다. 새벽부터 밤까지 24시간 업무에 길들여지고 시청률에 촉각을 곤두세우던 일상을 뒤로 하고 맞게 된 유학생활은 모든 것이 전적으로 나의 생각과 의지대로 만들어지는 무한한 도전이자 두려움이기도 했다. 그래서 보다 구체적인 목표가 필요했다.

미국이라는 나라가 내게 줄 수 있는 기회비용은 영어회화와 사람이었다. 세계 경제와 안보를 쥐고 있는 많은 인사를 만나 그들의 핵심역량을 파악하고 소화하려면 그들과 대화할 수 있는 고급영어를 구사할 수 있어야 한다. 그것이 나의 첫번째 목표였다. 그 목표 안에는 회사에서 주요인사와 영어 인터뷰를 해야 할 때 김은혜를 떠올릴 수 있도록 하자라는 욕심도 있었다.

나는 스탠포드대학에 도착하자마자 학생센터로 찾아가 영어회화 선생님 소개를 신청했다. 캘리포니아는 스페인 점령의 여파로 삶의 여유와 나눔을 중시하는 추세여서 직장생활에서 은퇴한 60~70대 장년층의 사회봉사가 활발하다. 나는 그 중 CEO 출신으로 방송과 경제를 두루 이야기할 수 있는 사람을 원했다. 그렇게 맺어진 선생님은 키 180cm의 거구에 파란 눈을 가진 폴 라이스라는 백발의 노인이었다. 파란 눈의 할아버지 선생님과의 첫 만남은 우직한 체격만으로도 위압감이 느껴졌다. 그러나 나의 첫 느낌은 시간이 지날수록 달라졌다. 나는 그에게서 인생을 길게 보는 방법을 배웠다. 그때의 인연으로 파란 눈의 할아버지 선생님은 나의 둘도 없는 친구가 됐다.

나는 한가지 더 욕심을 부렸다. 미국의 이슈를 따라잡을 수 있는 영어를 익혀야겠다고 생각한 것이다. 미국의 뉴스를 소화하기 위해 당시 그곳 〈산호세 머큐리〉 신문사 여기자의 도움을 받았다. 그녀 역시 스탠포드에서 연수중이었다. 그렇게 두 명의 영어회화 선생님을 두고 현지방송, 기사, 스피치영어를 익혔다.

내게는 둘도 없는 행운이었다. 주 5일을 만나 함께하는 강행군을 했다. 때때로 부딪히는 문화의 장벽이 가끔은 낭패였고, 외국어의 한계를 새삼 느끼게 하는 사례가 없지는 않았다. 신문에서 읽을 수 있는 미술영어를 다 익히면 음악 장르가 전혀 낯선 언어로 다가왔고, TV에서 미식축구를 섭렵했다고 자신할 때면 농구 용어가 생전 처음 보는 외계의 음성처럼 귓가에서 맴돌았다.

같은 나라 같은 단어도 계층별로 체감이 다른 나라가 미국이다. 나는 여기자가 가르쳐 준 회화로 곤혹을 치른 적이 있다. 그녀는 내게 화장실을 다녀오겠다는 표현 중 부드러운 의사 표현으로 'While

I go to the powder room.'이라고 가르쳐 줬는데 미국 대학생들은 내게 마약도 하시냐며 웃었다. 'powder'가 짓궂은 남자 대학생들 사이에선 마약을 가리키는 말로 통했던 것이다.

모든 변수와 상황을 감안해 나는 갖가지 방법을 동원하며 영어에 집중했다. 그 중 생활영어는 자막이 나오는 텔레비전을 활용했다. 시험을 보듯 프로그램을 보고 대본을 외웠다. 그리고 수업을 녹음하거나 그들의 강의를 녹화해 손으로 받아 적으면서 한번씩 다시 외웠다.

이와 함께 나의 영어스피치도 녹음해 영어선생님들에게 발음과 목소리를 교정받았다. 한번에 외워지지 않는 영어숙어와 문장은 포스트잇에 적어 방안 곳곳 붙여 놓았다. 17평짜리 원룸의 기둥과 침대, 욕실 거울을 차지하고 있던 종이들은 실제 대화에서 무의식적으로 나올 때 떼어냈다. 그렇게 첫번째 목표를 향해 달렸다. 그리고 두번째 목표를 이루기 위해 또 다른 분주한 발걸음을 내딛었다. 바로 유명인사들과의 만남이다.

나는 샌프란시스코의 세미나 장에서 실리콘밸리의 야후, HP, 선마이크로시스템 본사까지 미국 경제와 외교의 중심에 있는 인사들과 만나기 위해 뛰어다녔다. 그렇게 각계각층의 인사와 만나는 동안 재미있는 일도 많았다. 상대적으로 체구가 작아, 세미나 장에서 회의를 마친 후 면담을 위해 몰려드는 체격 좋은 미국인들 사이를 비집고 다닐 수 있어 제일 먼저 인터뷰를 따낸 적도 있었다.

가장 기억에 남는 만남은 남북문제와 미국의 대 한반도 정책을 비판적 시각에서 견지해 온 미국 시카고대학의 브루스 커밍스 교수와의 인터뷰였다. 그는 '전쟁보도'에 대한 연구를 하고 있다고 말하며 내게 지난 클린턴 정부 시절 매파들의 실상을 적나라하게 알 수 있는 에피소드를 소개해 주었다.

클린턴 행정부 당시 햇볕정책에 불만이 많았던 CIA 강경파들은 미국 각지의 북한 전문가들을 한자리에 모았다. 그리고 '북한'이 핵무기 수준의 고농축 우라늄을 보유하고 있다고 생각하는 사람은 손을 들어보라고 했다. 참석자 중 절반 이상이 손을 들자, 다음날 〈뉴욕 타임스〉에는 '북한에 핵무기가 있을 가능성이 50%가 넘는다'는 기사가 실렸다. CIA의 당시 주요인사들은 자신들이 흘리고 싶은 기사가 있으면 〈뉴욕 타임스〉를 통로로 삼았다고 커밍스 교수는 전했다.

그 정점은 2005년 5월 〈뉴욕 타임스〉가 전한 기사였다. 북한의 함경북도 길주에 귀빈관측대가 건설되고 지하터널에 핵실험 후 봉쇄용으로 보이는 콘크리트가 반입됐다고 누군가로부터 또다시 의도된 첩보를 받아 핵실험 준비설을 기사화한 것이다. 그 이후 〈뉴욕 타임스〉는 2달 만에 오보를 시인했다.

나의 영어회화 공부는 그들의 문화와 숨겨져 있는 그들의 강한 자의식을 피부로 느낄 수 있게 해줬다. 명암이 있는 경험이었지만 상대적으로 선명해진 나의 시각은 감사한 선물이었다.

나는 9.11테러와 아픔과 상처가 배어 있는 중동의 역사 그리고 아프가니스탄 전쟁까지 혼란의 스펙트럼 속에서 발견한 언론의 상업주의와 정치편향의 이데올로기를 해부하는 프리젠테이션을 세 차례에 걸쳐 발표했다. 학력과 경력에 따라 다르게 구사하는 영어 질문은 거친 도전이었지만 자신이 있었다.

나는 한국인 여기자로서는 처음으로 아시아태평양리서치센터(APARC)에 주제발표가 실리는 영광을 안았다. 내가 목표했던 필수 여정을 이수했다는 묵직한 자신감이 차올랐다. 악착같이 매진했던 영어회화 공부는 분명 앞으로 살아가는 동안 내게 또 다른 성취감을 맛보게 할 디딤돌이 되어 줄 것이다.

늦었다고 생각할 때가 가장 빠를 때라는 말처럼 지금이라도 목표를 세우고 매진할 수 있어야 성공에 가깝게 다가설 수 있다. 삼성전자 윤종용 부회장은 남다른 근성으로 승부한 리더로 유명하다. 2002년 시드니 올림픽을 전후로 영어회화를 배워 각종 회의에서 기조연설을 도맡았을 정도다. 그가 영어회화를 배우겠다고 마음먹은 나이가 60세였다는 데에 한번 더 놀라기도 했다. 그는 또 실무기술에 능통해서 TV기판 회로도를 보지 않고도 그릴 수 있을 정도라고 한다. 최고의 자리에 있지만 스스로를 업그레이드하기 위해 벌인 지속적인 노력들이다. 무엇이 당시 환갑의 그에게 용기를 내게 했을까. 선명한 목표와 정확한 현실분석이다.

이처럼 앞으로 내가 해야 할 일, 필요로 하는 일을 위해 목표를 찾고 구체화하는 것은 자신의 최종 목표에 보다 빠르게 다가설 수 있게 하는 지름길이다.

Analog action Plan

— 확고한 목표를 정하고 지금부터 치밀하게 준비하라. 현재는 미래로 이어지는 보험이다. 언제 다가올지 모르는 하루를 위해 준비하는 1년은 앞으로 다가올 10년을 보장해 준다.

5. 단계별로 목표를 세워라

내 인생의 단계별 목표를 공자의 말씀에 비유하면 다음과 같다. 10대는 학문에 뜻을 두고, 20대는 기자로서 세상과 만나는 지우학(志于學), 30대는 나만의 브랜드를 창출하는 이립(而立), 40대는 나만의 색깔을 진하게 간직해 흔들리거나 흐려지지 않는 불혹(不惑), 50대는 세상이 원하는 공공의 선이 일치되도록 살며 하늘의 뜻을 헤아리는 지천명(知天命), 60대는 물 흐르듯 살 수 있도록 삶에 억지나 탐욕을 없애는 이순(耳順), 70대는 바람과 물 같은 사람이 되도록 정신과 행동지침을 결정하는 종심소욕불유구(從心所欲不踰矩)을 목표로 한다.

초침이 제대로 움직여야 분침이 움직이고 그 분침이 꼬박 자신의 궤도를 잘 지켜야 시침이 출발하는 것처럼 작은 고비와 시련이 있더라도 단계별 원칙에 충실해야 전체적인 삶을 건강하고 균형있게 만들 수 있다. 나는 현재 40대를 준비하며 30대에 만들어 놓은 나만의 장점을 활용하고 있다. 스탠포드대학에서 단련하고 검증했던 시간을 활용하는 기회는 예상보다 빨리 찾아왔다. 이라크전이 또 터진 것이다.

2003년 4월 9일 미군의 바그다드 함락의 첫 신호는 바그다드 공항에서부터 시작됐다. 병참선 확보에 애를 먹던 미군은 며칠을 고전하다 대통령궁으로 빠르게 진격하기 시작했다. 우리는 정규프로그램을 바로 끊고 생중계에 들어갔다. 예상보다 미군의 움직임이 신속한 탓에 일단 기자 한 명을 스튜디오로 보내고 시시각각으로 들어오는 외신뉴스를 수기로 적어 보내줘야 하는 다급한 상황이었다. 나는 CNN 뉴스 이어폰을 귀에 끼고 받아적기 시작했다.

전황리포트에서 보병, 사단, 중대, 포 등 군사 전문용어가 쏟아져 나왔지만 익히 친숙한 영어단어들이라 한글로 옮기는 데에 별 어려움이 없었다.

아무런 가책 없이 자판을 눌러대는 컴퓨터게임처럼 미국의 공격에 이라크 진지와 포대는 속속 함락됐다. 쉬지 않고 말하는 미국 취재원들의 말을 계속 원고지에 적어나갔지만, 내가 생각했던 실상은 언급되지 않았다. 그들은 이라크 민간인이나 군인의 사상자는 전혀 밝히지 않았다.

또한 정말 대량살상무기가 숨겨져 있는 곳인지, 화학무기가 만들어지는 연구소인지 확인하지 않은 채 단 한번의 의심도 없이 민가를 '테러리스트의 기지'로 규정해 폭격을 가했다.

기자들이 국방부나 정보기관에 전적으로 의존할 수밖에 없는 상황에서 이들이 국가의 이익을 위해서라고 의도적으로 과장되고 잘못된 기사를 흘려줄 경우, 기자들은 그대로 받아적을 수밖에 없는 한계가 있다. 결국 전쟁터에서 기자들이 자신이나 나라의 이해 관계에 따라 보고 싶은 진실만을 가려 보게 되는 것이 전쟁보도의 한계다.

특히 화려한 영상과 함께 '승리'의 메시지 영향력이 극대화되는 전쟁보도는 항상 '이긴 자'의 편에서 균형을 상실한 채 진실을 왜곡할 가능성을 안고 있다. 그래서 스튜디오에 전달하는 메모엔 따로 메시지를 보냈다. 현재까지 CNN에서 이라크 사상자에 대한 언급은 이뤄지지 않았고 또한 화학무기가 제조되는 공장으로 폭격한 민가가 미국의 발표대로 테러의 온상인지 아직 확인된 바 없다는 내용이었다. 미 백악관과 국방부가 이라크를 침공한 이유로 밝힌 대량살상무기는 바그다드가 함락되고 있는 현시점까지도 발견되지 않고 있다는 사실을 반드시 짚어줄 것을 요청했다.

결국 대량살상무기는 발견되지 않았다. 신중하고 철저하게 기사를 의심하는 것은 40대에 흔들리지 않을 나만의 브랜드를 만들기 위해 꼭 필요한 일이었다. 결국 2년 반 뒤 부시 대통령은 잘못된 정보로 이라크전을 시작했다고 진실을 털어놓았다.

흘러가는 기사 속에서 문제점을 포착할 수 있도록 오류를 정확하게 집어내는 집중력은 이 일과 관련된 경험과 노력이 없었다면 불가능했을 것이다. 만약 내가 30대에 기자이자 앵커로서의 나를 업그레이드시키기 위한 브랜드 전략을 짜지 않고, 스탠포드대학에서 자신과의 싸움을 하지 않았다면 외신을 자신 있게 해석하고 나의 것으로 소화할 수 없었을 것이다.

이와 비슷한 경험이 또 있었다. 2005년 8월 3일 에어프랑스 소속 항공기가 승객 200여 명을 태우고 캐나다 공항에 착륙하려다 악천후 때문에 활주로에 부딪혀 폭발했다. 아침뉴스를 위해 스튜디오로 향하다 화염에 휩싸인 항공기가 국제부 모니터에 가득 차 있는 모습이 눈에 들어왔다. 모니터에 귀를 대고 들은 내용을 6시 시보가 울리자마자 기억나는 대로 말하기 시작했다. 의존할 원고가 없는 상황에서 나는 단 2분간 들었던 CNN 뉴스를 풀어나가야 했다. 미국에서 잠들기 전과 잠에서 깰 때 항상 함께했던 뉴스 통역훈련이 힘을 발휘해 준 덕에 무사히 진행할 수 있었다.

흔히 인생을 마라톤에 비유한다. 그 이유는 삶도 긴 호흡을 해야 하기 때문이다. 마라톤과 같은 장기전의 인생에서 우리는 오래 거뜬히 뛸 수 있는 기초체력을 다져야 한다.

또 자신이 마라톤 각 구간의 특징대로 들인 개별적인 노력들이 전체 인생의 마라톤에서 어떻게 연결될지 지금은 알 수 없다. 그러나 이 작은 계기들이 미래에 연관될 것이라는 확신을 가져야 자신감도 그리고 노력을 위한 추진력도 생긴다. 긴 계획과 치밀한 노력으로 미래를 확신하는 배짱을 갖자. 나의 길고 탄탄한 경쟁력이 된다.

Analog action Plan

— 인생의 궁극적인 목표인 강을 건너기 위해 돌다리를 하나씩 던지는 과정, 10대부터 60대까지 인생의 단계별로 충실한 계획과 준비가 큰일을 도모하게 할 수 있다. 한순간의 결과보다는 더디더라도 정확하게 일을 추진한다면 당신은 돋보이는 인재로 평가받을 것이다.

6. 빛 바랜 일기장이 곧 재산이다

사람들은 늘 숨이 차다. 남들보다 경제력을 갖기 위해, 남들보다 행복하기 위해 늘 발걸음을 재촉한다. 우리는 그렇게 경쟁하지 않으면 도태되는 시대에 살고 있다. 하지만 이럴 때일수록 삶의 질을 윤택하게 해주는 일들을 떠올려 보는 것이 좋다. 내 삶의 기준을 남과 비교하기보다는 스스로가 얼만큼 행복한가가 기준이 되어야 하기 때문이다. 그 안에서 또 한가지 생각해야 할 것은 내가 얼마나 정적인 인간인가 하는 점이다. 나를 바라볼 수 있는 마음의 거울이 필요하다. 이를 위해 나는 공책에 일기를 쓸 것을 권한다. 쓰면서 나를 알 수 있고, 읽으면서 과거를 반성할 수 있고, 책을 덮으면서 미래를 계획할 수 있기 때문이다.

블로그에도 일기가 있지만 매일 노트에 쓰는 일기와는 정감이 다르다. 온라인 일기는 완벽하고 깔끔해서 사고의 여백이 없다. 노트에 쓰는 일기는 쓰다 지우기도 하고, 눈물자국이 배이기도 하고, 쓰다가 스스르 눈이 감겨 암호처럼 쓰여진 글씨를 해독하는 재미까지 더해 추억의 NG모음이 엮어진다. 또한 지나고 나서 보면 의도하지 않았던 솔직함도 곳곳에 숨어 있다. 하지만 컴퓨터에 쓰는 일기는 망가질 틈을 주지 않는다. 컴퓨터 일기에서는 날짜와 단어를 모르면 관련 내용을 찾기가 어렵다. 그리고 무엇보다 빛 바랠 일 없는 화면에서 과거의 일이란 현재와 별 차이가 없어서 반성도 감흥도 없다.

일기를 쓰라고 권하는 이유가 있다. 사람들은 긴 호흡으로 쓰는 버릇이 몸에 배지 않아 생각 또한 단편적으로 흐르는 현상이 심해지고 있다. 짧게 쓰고 감정을 여과없이 뱉어내는 인터넷에선 깊이 생각하고 지웠다 썼다를 반복하는 글쓰기가 어렵다 보니 이런 일이 반복된다.

기자 면접시험에서 보면 응시자들 대부분이 길게 쓰는 버릇이 들여져 있지 않다. 단답식의 답변에 길들여져 있기 때문이다. 속도전에 치중하고 시간에 인색한 디지털 세상은 긁적이는 습작이 주는 사고의 자유와 여유를 활용할 기회를 주지 않는다. 이것저것 생각 없이 쓰면서 연상의 흐름을 쫓아가다 보면 아이디어가 나오고 엉뚱한 해답도 도출할 수 있다는 것을 잊고 사는 것이다.

몇 권씩 쌓이는 일기장을 넘기다 보면 놀랄 만큼 솔직했던 표현에 웃음도 나고 한편으론 창피할 때도 있지만 잊고 살았던 소중한 무언가를 깨닫게 해준다. 일기는 돈으로 살 수 없는 인생의 교과서임에 분명하다. 나이를 먹으면서 변하는 글씨체, 달라진 삶의 자세가 그대로 담겨 있는 일기는 한편의 드라마가 된다.

펜으로 직접 적는 일기는 기억력을 높이고 뇌를 자극시킨다. 영어단어를 세 번 자판으로 두드리는 것과 세 번 직접 손으로 써보는 것이 기억에 차이를 주는 것처럼, 쓰면서 느끼고 상상하는 작업이 훨씬 기억에 오래 남는다.

나의 학창시절의 일기들은 다른 때 일기보다 기존 두께가 훨씬 두꺼워 보인다. 고민거리가 생길 때마다 종이를 반으로 접어 문제의 장단점을 왼편과 오른편에 각각 적어놨던 습관 때문이다. 그렇게 하면 생각은 구체적으로 정리되고 행동은 합리적인 근거를 갖출 수 있다. 어렸을 적 나는 스트레스를 풀 때 잠자는 것 다음으로 도움이 됐던 것이 일기 쓰기였다. 치명적으로 커보였던 문제도 일기를 쓰면, 거리를 두고 객관적으로 바라볼 수 있었다. 그렇게 해서 문제가 해결되기도 하고 심리적인 안정감도 느낄 수 있었다. 생각을 정리해 주고 빛이 바래면 삶의 지침서가 되어 주는 일기는 평생의 아날로그 동지가 될 것이다.

Analog action Plan

— 빛 바랜 일기장을 갖도록 노력하자. 당신의 과거와 현재를 비춰 주는 거울이며 미래의 안내자가 된다. 더욱 고마운 것은 논리와 기억력까지 제공한다는 점이다.

7. 독서는 정신의 체력을 보강해 준다

정보의 바다라고 불리는 인터넷 안에선 수많은 정보를 얻을 수 있다. 하지만 수박 겉 핥기식의 조각난 정보가 대부분이다. 좀더 깊이 있는 정보를 얻어야 하거나 지식을 얻고 싶을 때 우리는 책을 찾는다. 인터넷상의 정보가 인스턴트 같은 단편지식이라면, 손으로 넘겨보는 책 속에는 천연음식의 맛과 향 그리고 풍부한 영양이 있다. 독서는 시간과 비용을 투자해야 하지만 대신 유기농 음식처럼 체력을 보강해 준다.

아날로그적인 삶을 살아가기 위해서는 과거의 사람들에서 현재의 사람들까지 그들의 지식과 감성을 교류할 수 있는 독서가 필요하다. 특히 방송진행을 위해서도 더욱 절실한 것이 독서다. 생방송을 하다 보면 손에 쥐어지는 원고 없이 시간을 벌어야 하는 경우가 종종 생긴다. 그럴 때면 나는 그동안 읽은 모든 것을 떠올린다. 경제서든 소설책이든 심지어 무협지와 만화까지 동원하는데 모두 언제 어디서든 요긴하게 쓰이는 날이 온다. 특히 책에서 읽은 시 구절은 짧은 시간 안에 많은 것을 함축해야 하는 방송멘트로 고맙게 쓰여질 때가 많다.

2004년 총선을 앞두고 공천을 따내기 위한 전략이 난무했을 때 '춘래불사춘(春來不似春)'의 고어로 뉴스를 마무리한 적이 있다. 예를 들어 "개나리 진달래가 핀다고 하고 바야흐로 봄은 왔는데, 총선 앞둔 정치권은 공천파동으로 아직 한겨울입니다. 미물인 꽃도 피고 질 때를 아는데, 들어가고 나가야 할 때를 모르는 건 사심 많은 인간 하나뿐이 아닐런지요"라는 식으로 말이다.

또한 방송을 하다 보면 학생들로부터 인생에 조언이 되는 책을 추천해 달라는 메일을 받곤 한다. 특히 카트라이더가 익숙한 10대들에게서 책에 대한 부탁을 적지 않게 받는다. 참 기분 좋은 일이다. 여러 가지 이유로 책이 좋았던 나는 학창시절에도 책 속에서 많은 것을 얻었고 깨달았었다.

중학교 시절 읽었던 헤르만 헤세의 〈데미안〉은 '나'라는 대상을 지각하고 '세상' 사이의 경계를 허무는 충격으로 다가왔고 고등학교 때 읽은 이외수의 〈칼〉은 삶에 대한 섬뜩하고 치밀한 묘사로 사춘기 소녀에게 자살이라는 마력 같은 충동을 느끼게 하기도 했다.

관념의 탐닉, 충돌하는 자아의 욕망에 대한 내용이 담긴 전혜린의 〈그리고 아무 말도 하지 않았다〉는 여성으로서의 삶을 탐문하던 나의 정수리를 서늘하게 만들었다.

나는 삶에 대한 애정과 방법론을 중국 고전에서 터득했다. 특히 사마천의 〈사기〉에서는 기자로서 가져야 하는 삶의 원칙과 다양한 인간군상의 지혜를 배웠다. 또한 〈렉서스와 올리브나무〉, 〈국화와 칼〉, 〈세계화의 덫〉을 통해 세계화의 화두에 대해 깊이 생각해 보는 기회를 가졌다.

주요그룹 CEO들 중에는 책벌레로 정평이 난 사람이 많다. '내가 이렇게 될 수 있었던 것은 우리 마을의 작은 도서관 덕분이었다'는 마이크로소프트의 빌 게이츠는 학업성적은 좋지 않았지만 항상 책을 곁에 두었다.

흐름을 읽고 새로운 지식을 배우는 독서는 급변하는 디지털 시대에 자신을 지키는 경영도구이기도 하지만 혼자만의 외로운 결정에 힘을 보태는 동반자가 되기도 한다.

정만원 SK네트웍스 사장은 1년에 100권이 넘는 책을 읽는 재계의 대표적인 '다독'파로 소문이 나 있다. 서영태 현대오일뱅크 사장은 '무녀리'라는 독서모임을 사내에 만들어 독서에 대한 남다른 열정을 과시하고 있다.

산업정책연구원이 1995년부터 현재까지 운영중인 경영자독서모임에는 김정태 전 국민은행장과 조석래 효성그룹 회장, 김재철 동원

그룹 회장 등이 참여했던 것으로 알려져 있다. 이용경 전 KT 사장은 경영 관련 서적보다는 감성을 일깨우는 대표적인 CEO로, 직원들에게 만화책 〈미스터 초밥왕〉을 포상으로 제공했다고 한다.

최근에는 인터넷 웹사이트에서 신문을 보듯 책을 읽는 경우도 생기고 있다. 하지만 책을 읽을 때는 종이책을 가까이 할 것을 권하고 싶다. 우리 주위에서 가장 가깝게 찾아볼 수 있는 자연의 매개체가 종이다. 종이를 손에 쥐고 나만의 해석을 쓰면서 머릿속에 입력하는 과정엔 '촉각'의 힘이 주는 친근함이 있다. 종이의 질박함을 손으로 느끼고 몸 전체로 읽는 느낌을 컴퓨터 화면이 따라잡을 수 없다. 컴퓨터에서 책은 느끼는 대상이 아닌 보는 대상에 그치기 때문이다.

학습지도 손에 쥘 수 있는 것이 좋다. 영어공부는 컴퓨터와 떼려야 뗄 수가 없다. 궁금한 단어는 인터넷 영어사전이나 영어사전 단말기로 두들기면 순식간에 답을 구할 수 있다. 문제는 지름길은 될 수 있지만 에누리가 없다는 점이다. 전자사전이나 인터넷을 활용하는 공부는 마치 하루 안에 파리 시내를 훑어보고 다 본 것으로 생각하는 '초고속 단체관광'을 보는 느낌이다. 종이로 된 영어사전을 들춰보면서 공부를 하면 찾고자 하는 단어를 습득하기까지는 시간이 걸리지만 그 외에 부수적으로 얻는 것이 훨씬 많다.

사전을 뒤적이다 보면 전부터 궁금했던 다른 단어가 요행처럼 눈에 들어오기도 하고, 어간이나 어미가 같은 다른 단어들을 슬쩍 둘러보게 되는 '단어의 옵션관광'이 이뤄진다. 그렇지만 컴퓨터를 이용하면 여유도 없고 집중력에도 별 도움이 안 된다. 종이사전에서 전에 한번 봤다는 의미로 줄을 쳐 놓았거나 형광색을 그어놓았던 단어를 다시 보는 반복학습도 컴퓨터에서는 불가능하다. 순간순간 부지런히 답을 날라다주는 '친절한 컴퓨터'에서는 두 번의 실수를 하고 싶지 않은 배전의 노력을 유도하지 못한다.

소설도 그렇다. 인터넷 소설은 감각적인 매체의 특성을 그대로 닮았다. 시대를 반영하는 트렌디 드라마에 젊은 층이 소구하는 담백하고 솔직한 문체가 매력이다. 굳이 서점에 가지 않아도 안방에서 손쉽게 편히 볼 수 있다. 그렇지만 아무리 백 번 양보해도 책은 손으로 쥐고 종이의 질감을 느끼는 아날로그의 영역이다. 줄을 그어 너절해지고 모서리를 접어 두툼해진 책을 꺼내볼 때의 소유 본능을 인터넷 소설이 가져다줄 수는 없다. 아직 읽는 수고를 감당할 수 있다면 종이책을 가까이 하자. 불편해도 사고력을 키우는 길은 종이책뿐이다.

Analog action Plan

— 종이책을 사는 데 투자하자. 손에 쥐고 보는 책은 소모적인 일상에 정신적 체력을 보강해 주고 당신을 윤택한 사고의 소유자로 만들어 주는 보약이다. 1%의 투자는 100% 그 이상의 가치를 당신에게 돌려줄 것이다.

8. 브랜드는 세계화하고, 마케팅은 고유화해라
(Thinking Global, Acting Local)

내가 원하는 것이 무엇인지 알게 되면 인생의 목표는 선명해진다. 경영전략가 게리 하멜은 성공 제1법칙으로 사업을 개발하지 말고 동기를 개발하라고 말한다.

아날로그의 중심, 열정이 있는 곳에서 디지털의 속도가 나온다. 결국 기업에 나를 맞추지 말고 기업을 나에게 맞춰야 한다. 자신의 영역에서 전문가가 되면 기업은 나에게 맞춰 줄 수밖에 없다.

세계가 주목하는 미국의 실리콘밸리를 뒤덮고 있는 화두는 'Thinking Global, Acting Local'이다. 브랜드는 세계화를 지향하지만 실제 마케팅은 철저히 토속적이어야 한다는 의미다. 그 지역의 특성을 철저히 파악하고 그곳 사람들과 호흡이 맞는 상품이 아니면 성공할 수 없다. 소니의 제2의 전성기를 이끌었던 이데이 노부유키 전 회장도 토머스 프리드먼의 저서 〈렉서스와 올리브나무〉를 언급하면서 세계화를 상징하는 '렉서스'와 자신만의 전통적인 정체성을 뜻하는 '올리브나무'를 동시에 추구해야 한다고 역설한 바 있다.

우리나라 기업들이 인도에 판매하는 냉장고에는 열쇠가 달려 있다. 인도 특유의 계급제인 카스트제도에서 하층민들을 믿지 못하는 천성적 불신 탓이라는 분석도 있고, 무덥고 습한 기후에 아이들이 찬 음식을 자주 먹어 배탈이 나는 것을 막기 위한 부모들의 고육지책이라는 추측도 있다. 어쨌든 국내 기업의 열쇠 달린 냉장고는 불티나게 팔려나간다. 현지인들의 심리를 정확히 꿰뚫은 토착상품의 대표격으로 현지시장 점유율 1위다.

현지화 전략은 미국 와인회사 E&J갤로가 선조격이다. 미국의 3대 와인회사인 갤로는 독일과 아시아에서의 마케팅 기법이 완전히 다르다. 비쌀수록 품질도 좋을 것이라 생각하는 아시아에서는 제품의 가격을 비교적 높게 책정한다. 그에 반해 실질적인 소비를 선호하는 독일에서는 보다 저렴하게 공급가격을 낮추고 있다. 홍보도 마찬가지다. 역사가 짧은 탓에 전통을 동경하는 미국에서는 갤로가 3대에 걸쳐 와인농장을 경영하는 유서 깊은 회사라는 점을 부각시키는 마케팅을 펼치고 있다. 독일에서는 장인정신을 높이 사는 특징을 감안해 갤로만의 'One Passion(일관된 열정)'을 홍보 구호로 채

택했다.

1980년대 중반에 세워진 시스코는 2002년 현재 이스라엘과 인도, 이탈리아, 스웨덴 등의 현지에서 3천 명의 기술진을 고용해 그곳의 문화와 기술을 직접 받아들이고 있다. 자신의 분야에서 누구도 따라올 수 없는 전문가를 양성하기 위해서다.

어떻게 인생을 살고 무엇을 위해 살아야 하며, 무엇이 자신의 우선순위인지 결정하지 못한 상태에서 얄팍한 처세에 의존하는 경우가 많다. 이러한 시점에 필요한 것은 얼마나 준비되어 있는가가 아니라 얼마나 준비할 자세가 되어 있는가 하는 동기이자 열정이다.

콧대 높은 미국의 스탠포드대학도 몸을 낮추고 한국의 전문가를 초청하기 위해 발 벗고 나선 경우가 있었다. 2005년 5월 스탠포드에서의 비공개 북핵전문가 세미나에서는 두 명의 한국인이 비공개 라운드 토크에 초대됐다.

그 두 명의 한국인은 북한의 인권을 10년 넘게 연구해 온 시민단체 간부와 미국이 부러워하는 '북한 내 인적 정보망'을 갖춘 한 경제연구소 연구원이었다. 영어를 못하는 스페셜게스트를 위해 스탠포드는 동시 통역관을 배치했다. 문을 잠그고 하루 종일 계속되는 강행군 속에 통역으로 진행되는 것이 지루할 수도 있는 상황이었다.

미국측은 개의치 않는 눈치였다. 오히려 이어폰을 끼고 진지하게 듣는 그들의 자세는 '전문성'과 '토착 브랜드'에 대한 존중을 말해주고 있었다.

자신의 영역에서 동기를 키운 그들이 결국 그 회의에서도 일을 냈다. 개성공단 한 주방업체에서 북한 노동자들이 가동을 중단한 사례를 발표해 회의장을 술렁이게 했다. 남한과 달리 열악한 작업환경에 불만이 쌓인 직원들이 작업을 거부했다는 내용이었다. 오랜 시간을 투자한 인적 네트워크가 없으면 확보할 수 없는 정보들이었다. 언론에 보도된 적 없는 이 사건의 배후 설명을 놓고 격론이 벌어졌다. 긴 시간 계속된 스탠포드 국제 세미나 장에서 영어로 묻고 한국말로 대답하는 보기 힘든 광경이 연출됐다.

자신의 분야에 묵묵히 장기간 집중해서 나온 콘텐츠는 무게감이 있었다. 자신이 어디에서 성취감을 얻고 보람을 찾을지 철저하게 묻고 주저 없이 실천에 옮긴 결과다. 그 분야에서는 누구도 따라잡을 수 없는 속도와 추진력으로 그들은 앞서가고 있었다.

앵커이기 전에 기자로서 나의 브랜드는 미국식 앵커시스템을 목표로 한다. 연륜 많은 앵커를 필두로 기자들이 팀을 이루는 미국식 시스템이 국내에서는 아직 정착되지 않았지만 싹은 틔우고 있다.

뉴스데스크를 진행하며 여성앵커로서는 처음으로 남성앵커의 전담이었던 정치뉴스를 본격적으로 다루던 것이 내겐 출발점이었고, 아침뉴스에서 편집 과정에 참여하게 된 것도 새로 역사를 쓰는 일이었다. 기자로서의 초심을 놓치지 않는 원칙이 내겐 세월이 가도 그리고 도전과 응전의 격랑이 거세도 든든한 의지가 된다. 성공적인 삶을 꿈꾼다면 아날로그 원칙을 바탕으로 나만의 차별화된 전략과 전술을 세계화, 고유화하는 작업을 준비해야 한다.

Analog action Plan

— 자신의 영역에서 전문가가 되라.
— 남들이 하지 않고, 못하는 분야를 내 것으로 만들어라.
— 그 분야의 소비자들이 가장 원하는 아이템을 생각해라. 그리고 지역과 소비자의 특성에 적합한 마케팅을 해라.

4
Chapter

아날로그 마인드 엿보기

각계각층에서 두각을 나타내고 있는 사람들은 아날로그 요소를 갖고 있다.
아날로그 요소는 그들의 장점을 부각시켜 주는 성공 키워드 역할을 한다.
그들의 삶 속에서 성공요인을 찾아보자.

1. 지친 영혼의 휴식처-박경리

"이러다 내가 죽지. 그런 고비가 여러 번 있었어요. 하지만 그때마다 누군가 꼭 바늘구멍만큼씩 열어 주셨어요. 그게 살아가는 데에 힘이 됐어요. 그래서 희망을 안 버렸어요. 다 해결이 될 거다. 그렇게 생각하면서 살아왔어요." 얼마 전 〈동아일보〉에 소개된 소설가 박경리 선생의 인터뷰 내용이다. 희망을 얘기할 줄 아는 그녀는 아날로그적인 삶을 이야기할 때 가장 먼저 생각나는 사람이다.

박경리 선생은 사람이 갖고 있는 능력을 초월하는 집념과 의지로 대한민국 문학사에 한 획을 그은 소설가다. 그녀는 〈불신시대〉, 〈시장과 전장〉, 〈김약국의 딸들〉 등 다채로운 이야기들로 사람들에게 마음의 등불이 되어 주었다. 그리고 25년이라는 세월을 거쳐, 인고의 시간을 넘어 문학사에 전례 없는 대작 〈토지〉를 낳았다.

박경리 선생의 작품 중에는 주옥 같은 작품이 많다. 그 중에서도 〈토지〉는 특유의 무게감이 돋보이는 작품이다. '서희' 라는 인물을 통해 시대의 아픔을 읽고, 인간의 집념을 느끼게 했으며, 용서라는 깨달음도 주었다. 또한 아날로그적인 삶이 우리를 얼마나 든든하고 포근하게 만드는지 책을 읽어본 독자라면 누구나 느낄 수 있을 것이다.

팔순의 나이를 넘어선 박경리 선생은 지금 자연과 더불어 살고 있다. 그녀는 20년 넘게 한결같이 고추농사를 지어왔다. 매일 아침 손수 키워낸 고추를 말리는 일로 하루를 시작한다. 이제는 취미가 아니라 농부로서 농사를 짓는다고 할 정도다. 실제로 농사일이나 집필이나 별 차이가 없다며 밭일은 자연과 더불어 함께하는 집필의 연장이라고 했다. 이와 함께 작가가 얼굴을 내세우는 것은 세속적이라고 말하는, 단호한 그녀의 얼굴에서 서늘한 작가정신이 읽힌다. 무한한 자연에서 글의 충만한 원천을 찾는 박경리 선생의 삶은 아날로그의 전형이다.

〈토지〉를 완간한 이후 박경리 선생은 매체로의 노출을 극구 피하고 있다. 일정하게 세속과 거리를 둔다. 돈을 벌고 명예를 얻으려고 글을 쓰는 것은 문학이 아니라는 이유에서이다. 그녀의 말 속에는 뼈가 있다. 더 많은 독자를 확보하고, 더 많은 부수를 올리기 위해 가벼운 말장난이 심해지고, 군더더기가 늘어나는 세태에 대한 장인의 경고다. 박경리 선생의 일침을 가하는 이 한마디는 평생 외길을 걸어온 문학가의 곧은 성품을 담고 있어 더욱 잊혀지지 않는다.

문학사에 있어 '박경리'라는 이름 석 자가 경외스럽기까지 한 것은 작품을 만든 이면에 박경리 선생 개인의 인간적인 고통과 좌절이 점점이 박혀 있기 때문이다. 또 그 고통의 시간들을 소설로 재탄생시킨 의지 때문일 것이다.

불행한 출생사와 20대에 남편과 아들을 잃은 슬픔 그리고 암 선고를 받기까지 했던 고난과 역경을 박경리 선생은 희망의 불씨로 이겨냈다. 고비를 딛고 일어서는 인간의 의지와 한 곳만 바라보고 삶의 전부를 쏟아부은 외길 인생의 감흥을 느껴 보고 싶어서 많은 독자들이 그의 작품을 기다리는 것인지도 모르겠다.

팔순을 맞아 박경리 선생이 전한 말은 "오래 살아 염치 없다. 이룬 것보다 더 인정받아 송구스럽다"는 것이었다. 그녀의 이야기를 들으면서 나는 아무리 퍼내어도 줄어들지 않는 대가의 겸허함이 느껴졌다.

행복했다면 글을 쓰지 않았을 것이라는 박경리 선생은 자신의 노력보다는 자연이 자신을 요행처럼 돌봐 주는 것 같다고 했다. 2005년 가을엔 토지문화관 뒤 오봉산 아래서 산제를 지냈는데 그때부터 자연이 힘이 돼 주었다고 한다.

박경리 선생을 보면 만감이 교차한다. 시간과 공간을 초월하며 긴 호흡으로 살아온 장인, 고통을 뒤로 하고 내면으로 삭힌, 더하지도, 덜하지도 않는 아날로그의 정화를 보는 느낌이다. 변덕과 술수의 기교가 판치는 세상 속에 박경리 선생의 작품을 읽는 것은 숨쉴 틈 없는 디지털 시대, 지나온 날을 돌아보고, 마음의 여유를 갖는 편안한 휴식을 찾고 싶은 마음 때문일 것이다. 나도 박경리 선생의 삶과 수많은 작품을 보며 아날로그적인 삶을 꿈꾼다.

2. 고독이 주는 깨달음-법정 스님

길상사 창건 8주년 기념법회에서 법정 스님은 이런 말씀을 하셨다.

"모두가 부자되기를 바랍니다. 진정한 부자는 어떤 사람입니까? 덕을 닦으며 이웃에게 베풀며 사는 사람입니다. 단순한 부자보다는 잘 사는 사람이 되시길 바랍니다."

법정 스님의 말씀 속에는 우리가 지녀야 할 삶의 자세가 듬뿍 담겨 있다. 그래서 가끔은 가슴을 바늘로 콕 찔리는 기분이 든다. 누구나 쉽게 말할 수 있는 당연한 진리이지만 사실 모두 알면서도 지키지 못하는 것들이다. 그런데 법정 스님이 말씀하시면 가슴에 와 닿는 강도가 다르다. 그것은 말과 행동이 일치하는 청렴결백한 구도자의 삶을 그가 살고 있기 때문이다.

글 속에도 법정 스님의 삶은 그대로 묻어난다. 보통 작가들은 글을 쓰기 시작하면 두문불출한다. 전화선을 뽑아 놓는 것은 기본이고 심리적인 안정감이 드는 작업실로 옮겨 세상과의 자발적인 단절을 감행하기도 한다. 그런데 법정 스님은 글을 쓰기 위한 단절이 아니다. 삶 자체가 그렇다.

그가 수행을 위해 산사 오두막에 거처를 두고 글을 쓰기 시작한 지 오래 됐다. 자연과 함께 호흡하며 자연 속에서 영감을 받기 때문일까. 법정 스님의 글은 항상 깨어 있는 영혼으로 우리에게 다가온다. 글을 읽다 보면 경이롭다 못해 궁금증이 생긴다. '어떻게 하면 이렇게 가슴을 뜨끔하게 할 수 있지?' 라고 말이다. 분명 세속과는 거리가 있는 곳에 있는데 법정 스님은 마치 남산전망대에서 망원경으로 보는 것처럼 세상을 훤히 꿰뚫고 있다. 거리와 시간의 제약을 단숨에 뛰어넘는 통찰력의 위력이다.

우리는 늘 법정 스님의 글을 읽으면서 감탄사와 함께 고개를 끄덕인다. 세속과 거리감이 느껴지는 듯한 법문도 그의 손으로 써 내리면 어렵게 느껴지지 않는다. 심지어 사변적일 수 있는 메시지가 우리의 몸을 휘휘 감아 도는 친숙함으로 다가온다. 그가 아날로그적인 삶을 살고 있기 때문일 것이다.

숫자의 제한이나 경계가 없는 자연 속의 삶은 무한한 상상력을 갖게 한다. 이러한 상상력은 스피드에 치이고 일상에 쫓기는 사람들은 경험할 수 없다. 또한 디지털 시대를 앞서가는 현대인들은 더욱 체험하기 힘들다. 혼자 있는 시간이 존재하지 않기 때문이다. 우리는 옆에 사람이 없어도 휴대전화, 텔레비전, 인터넷 메신저 등 늘 누군가와 함께 있다. 그러다 보니 생각의 깊이도 무한한 상상력도 떨어질 수밖에 없다. 혼자 사색하는 시간을 가지면 깊게 생각할 수 있게 되고 통찰력도 생긴다. 우리가 모든 일상을 뒤로 하고 스스로를 돌아보는 사색의 시간을 가져야 하는 것도 이 때문이다. 세상의 노예가 아닌 세상의 주인으로 살기 위해서다.

성찰이 얼마나 깊이 있는 생각과 영혼의 울림을 갖게 해주는지 법정 스님의 말씀과 글귀를 보면 알 수 있다. 짧은 단어 하나에도 책 한 권의 메시지를 담고 있다. 법정 스님의 경쾌한 단문 안에서 진리를 깨닫게 해주는 파괴력을 발견하게 된다.

예를 들어 '현대인들의 불행은 넘침에 있다'는 말에서처럼 긴 수식어나 구구한 설명이 붙지 않는다. 명쾌하고 진솔한 단어가 주는 충격은 진부하고 화려한 수사가 들어설 자리를 만들어 주지 않는다. 부연설명을 하느라 우리의 대화는 힘을 잃어가고 있다. 오히려 말할 자리를 비워둠으로써 여운을 남기고 상상의 여지를 제공하는 아날로그 화법은 빠르고 말이 넘치는 디지털 시대에 더욱 설득력을 가질 수밖에 없다.

또 법정 스님의 글은 성과와 결과에 매달리는 디지털 시대에 지친 영혼을 위로하는 메시지를 담고 있다. 가진 것이 적어서 불행한 것이 아니라 따뜻한 가슴을 잃어가기 때문이라는 그의 분석은 차갑고 냉정한 시대 마지막 남은 따스함을 찾고자 하는 우리의 아날로그적인 성정을 사로잡는다.

하루가 다르게 변화하는 디지털 시대. 하루하루 얄팍한 처세에 의존해야 하는 생존전략이 아니라 자신을 탐구하고 영혼이 홀로 서도록 진정한 삶의 생존전략을 가르쳐 주는 그의 메시지는 오랜 세월 법정 스님의 책을 베스트셀러로 남겨두는 비결이 되고 있다.

"그동안 말이 많았다"고 세상과의 끈을 서서히 놓겠다면서 두 달에 한 번씩 해온 길상사 법문을 봄, 가을 한 차례씩으로 줄였지만 법정 스님의 이야기를 듣고 싶은 갈증은 더해만 간다. 적게 듣고 적게 말하자는 '절제'의 법칙이 그 담백함으로 명정한 화법을 이뤄줄 것 같은데 매일 한 번씩 실천하려 해도 여전히 어렵다. 법정 스님의 삶은 디지털 시대여서 더욱 그립고 아쉬운 아날로그 목표이다.

3. 디지털 시대의 어머니 상(像) - 김혜자

요즘에는 일인다역 시대다. 연예인의 경우 이런 현상은 더 두드러진다. 재주 많아서이기도 하지만 뒤집어 생각해 보면 '최고'가 되겠다는 개념 자체가 사라지고 있는 것 같다. 일명 스타가 되기 위해 모두들 연예인을 꿈꾸고 또 인기가 없어지면 그들은 흔적도 없이 은막 뒤로 사라진다. 시청자의 기호에 따라 자고 나니 스타가 돼 있기도 하고 주변정리가 되지 않아 여론의 질타를 받으면 한순간 물거품이 되기도 하는 직업이 연예인이다. 한 분야에서 최고가 되겠다는 굳은 심지가 사라진 그들의 짧은 호흡도 문제다. 이럴 때일수록 긴 호흡으로 자리를 지켜주는 연예인을 보고 싶은 건 나만의 욕심일까.

시대의 변화와 상관없이 묵묵히 자신의 자리를 지키고 아름다운 삶을 그려가는 김혜자 씨가 돋보이는 것도 바로 이런 이유에서다. 김혜자 씨는 긴 호흡으로 사는 대표적인 배우다. 배우로서의 모습뿐만 아니라 그녀는 삶 자체가 곧은 심지를 지니고 있다.

22년을 한결같이 임했던 전원일기가 우선 그렇다. 프로의식이라 쳐도 보통 근성이 아니다. 대사 한마디 없던 날도 출연했고 드라마가 갈지자걸음을 걷는다는 비판을 받아도 묵묵히 지켜줬다. 궂은 날이 있어도 서글픈 날이 닥쳐도, 자신이 맡은 역할을 끝까지 책임졌다. 대사의 양을 재어본다거나, 시청률에 민감해하거나, 단 한번에 뜰 수 있을지 요목조목 따져보는 일부 연기자들과 비교되는 대목이다. 신의를 지키고 길게 보는 그녀만의 아날로그 경쟁력이 여기서 발견된다.

김혜자 씨의 성공이 더욱 빛이 나는 것은 화면에 비춰지지 않는 이면의 모습 때문이다. 그녀는 기아와 전쟁으로 고통받고 있는 지구촌 아이들을 돌봐 주는 월드비전 친선대사로 14년째 활동 중이다. 지진으로 수많은 어린이가 숨진 파키스탄에 이어 아프가니스탄 그리고 북한까지, 헐벗고 굶주린 어린이들이 있는 곳이라면 항상 그녀를 발견할 수 있었다.

그녀는 한 작품이 끝나면 분쟁으로 시달리는 가난한 나라로 달려가 다친 영혼의 상처를 위로하고 돌봐 주는 구호활동을 벌여왔다. 아이들의 아픔과 고통을 그린 〈꽃으로도 때리지 말라〉라는 책을 낸 그녀는 인세로 받은 수억 원의 돈을 한국과 북한 어린이들에게 기탁했다. 또한 제과 CF출연으로 받은 9천만 원을 월드비전에 기부한 바 있다.

정신적으로 그리고 물질적으로 나누면서 커지는 기쁨과 헌신, 아날로그가 말해 주는 진정한 성공의 의미를 김혜자 씨는 몸으로 보여 주고 있다. "단돈 1천 원이면 살 수 있는 항생제가 없어 온몸이 썩어들어 가는 아이의 모습을 잊을 수 없다"며 동참을 호소하던 그녀를 보면, 우리에게 필요한 것은 웅변이 아니라 구체적인 행동이라고 말했던 오드리 헵번의 모습이 떠오르기도 한다. 그들이 보여준 아름다운 행보는 타인을 내 사람으로 만드는 아날로그의 최종 결정판이다. 나누면 사랑이 커지고 그 커진 사랑은 경쟁의 상처를 아물게 한다. 그리고 주변 사람들의 마음을 움직이는 희망의 싹을 틔운다.

오랜 연기생활 속에 자신의 편의를 돌볼 법도 한데 그녀는 한국뿐 아니라 세계의 어려운 이웃들을 가족으로 만들고 있다. 소말리아와 에티오피아 그리고 인도 등지의 어린이 100여 명과 결연을 맺고 매달 후원금을 보내고 있다고 한다.

그녀는 그 아이들이 어느새 대학생이 되어 한국으로 유학을 오는 것을 보면 새삼 보람과 행복을 느낀다고 말했다. 브라운관에서 어머니 역할로 안방극장을 지켜오면서 생활 속에서도 넓은 마음을 가진 어머니의 모습으로 이웃을 보듬는 김혜자 씨. 샐러리맨들이 앞으로 노후에 이런 모습이면 좋겠다고 이구동성으로 말하는 이유를 알 것 같다.

불안함이 공존하는 디지털 시대에 꿈꾸고 싶은 우리의 미래는 어머니 같은 따뜻한 감성의 아날로그이다. 일관된 모습으로 삶을 이어가며 받은 만큼 기꺼이 나누어 주는 힘. 그것이 바로 우리가 그녀를 잊을 수 없게 만드는 아날로그의 저력이다.

4. 아낌없이 주는 나무 - 박정자

중후한 목소리와 함부로 말 한마디 걸기조차 어려울 것 같은 카리스마. 그녀의 첫 느낌이다. 하지만 그녀가 보여준 이미지는 프로근성이 낳은 배우의 이미지였다. 박정자 씨는 두말할 것 없는 프로다. 43년의 연기 인생을 돌아보면 알 수 있다. 만삭의 몸으로 무대에 섰고 시어머니가 돌아가셨다는 부음에도 무대에서 연기를 마쳤다. 그녀는 연극무대에서 남은 여생을 다하기 위해 19살 남성과 80세 할머니의 사랑을 그린 '19 그리고 80'을 여든이 될 때까지 공연하겠다고 말하기도 했다.

한국 최고의 연극배우라고 자신 있게 말하고 누구든 이의를 달지 못하는 연극계의 대표 브랜드가 바로 박정자 씨다. 40여 년을 한결

같이 올라갔던 연극무대가 익숙해질 법도 하건만 매번 무대에 오를 때마다 첫사랑을 시작할 때 느낌처럼 가슴이 두근거리고 긴장된다고 말했다.

박정자 씨는 대사를 외우기보다 적절히 망각해 주고 공연할 때마다 매번 다른 감정과 해석을 집어넣어 늘 처음처럼 새롭게 가다듬는다. 스스로가 정말 멋있다고 생각될 때 관객들도 감동을 받는다며 최선을 다하는 모습이 쌓여서 최고가 되는 거라고 했다. 그런 그녀의 모습을 보면서 아날로그적인 자기관리가 중요하다는 것을 나는 새삼 실감한다.

그 오랜 세월 많은 고비와 풍파를 넘겨 큰 거목이 된 대모답게 박정자 씨는 연극계에서는 아낌없이 주는 나무로 통한다. 후배가 공연을 하게 되면 그 공연장에선 어김없이 그녀를 볼 수 있다. 나이를 불문한 치열한 경쟁이 연극계라고 해서 비껴갈 리 없다. 그렇지만 박정자 씨는 가능성이 있는 후배를 찾고 길러내는 데에 인색하지 않다. 또한 매번 굵직한 여자배우들이 공연을 하면 빠짐없이 찾아가 격려해 준다. 욕심이 나는 배역일지라도 재능 있는 후배에게 권하며 응원해 주는 넓은 아량을 갖고 있는 사람이 바로 그녀다. 윤석화 씨가 산울림 개관 20주년 기념으로 선보이는 공연 '정순왕후' 도 박정자 씨의 부지런한 후원이 있었기 때문에 가능했다. 이러한 그녀의 노력은 또한 자신과 그 분야의 역량을 동시에 업그레이드하는 결과를 가져왔다. 국내 연극의 흥행몰이를 어느새 선 굵은 여배우들이 이끌어가는 것만 봐도 알 수 있다. 후계자를 키우고 베풀면서 커가는 아날로그 성공법칙이 적용되고 있는 셈이다.

박정자 씨는 또 연극계 밀알의 역할에도 주저함이 없다. 연극계에서는 대모로 통하면서도 살림살이를 위해 성우도 하고 배우도 한다. 심지어 모델, CEO의 역할까지 몸이 열 개라도 모자랄 지경이다.

우리나라 연극인들이 힘들게 공연하고 받는 평균수입은 월평균 23만원. '배고프다' 라는 말이 따라다닐 수밖에 없는 연극인들을 돕기 위해 그녀는 직접 복지재단의 대표를 맡았고 자신의 출연료 1%와 후원금을 보태 원로 연극인들을 돕고 있다.

일찍이 아버지를 여의고 5명의 자녀를 위해 행상을 한 어머니의 감수성과 집념을 박정자 씨는 꼭 닮았다고 한다. 오늘의 그녀를 있게 한 '엄마는 오십에 바다를 발견했다' 에서 박정자 씨는 항상 바다처럼 마르지 않는 감성의 원천인 어머니를 떠올리며 연기 속에 녹인다고 했다.

자신의 길을 따라오는 후배들을 돕고 연극의 어려운 생계를 이어나가며 혼신의 힘을 다하는 그녀의 모습을 보면 살아온 날들에 대해 책임지고 의미를 부여하는 아날로그 성공리더의 마인드가 엿보인다. 아낌없이 주는 나무 박정자. 그녀가 무대 위에서나 밖에서도 아름다운 이유는 바로 이 때문일 것이다.

5. 일촌 정보가 기적을 만들다 - 히딩크

논리를 중요시하는 유럽에서 태어난 히딩크 감독이 '감'을 중시하는 사람이었다는 것을 아는 사람은 그리 많지 않다. 하지만 월드컵에서 기적 같은 4강을 이뤄낸 그의 용병술을 보면 짐작할 수 있다. 시합 직전 그는 선수들을 관찰한다. 오늘 누가 잘 뛰어 줄지 예의주시 하는 그의 예감이 적중하는 날에는 아무도 못 말리는 승리의 드라마가 펼쳐졌다고 한다.

사실 히딩크 감독의 동물적인 감각 뒤에는 철저한 아날로그 정보 분석과 관리가 있었기 때문에 가능했다. 그는 선수들의 행동반경과 취미 그리고 어떻게 쉬고 어떻게 스트레스를 푸는지 모두 파악하고 있었다. 훈련을 하는 기간 동안 선수들은 감독의 지시를 잘 따르기 마련이다. 그렇지만 정작 훈련장을 나간 후의 모습은 어떤지 알 수 없다. 히딩크 감독은 코치들을 통해 선수들의 바깥 정보를 일일이 입수하고 기억해 놓았다고 한다. 한마디로 차별화한 '일촌 정보'로 평소 선수들 한명 한명을 완벽하게 파악하며 읽고 있었다는 이야기이다. 그는 그날의 날씨나 상황, 경기에서 맞설 상대의 특성 그리고 우리 선수들의 경기 전날 행동과 버릇을 보면서 다음날 실력을 가장 잘 발휘할 선수들을 선별해 냈다.

잘 쓰는 발기술과 장점, 단점 등 단편적인 디지털 분석에서 벗어나 선수 한명 한명의 행동반경을 읽는 아날로그적 분석으로 이미 시합에 대비한 가상 시뮬레이션이 그의 머릿속에 들어가 있었던 것이다.

그의 선수 채용과 관리는 흔들리지 않는 원칙과 중심이 있었다. 학벌 위주로 선발됐던 기존의 대표팀 구성방식도 정면으로 도전해 바로잡았다. 축구 관계자들의 우려가 있었지만 승리를 위해 가야 할 길이라고 말하며 밀어붙였다. 그가 아니었다면 김남일, 박지성 선수 같은 숨은 진주를 발굴하지 못했을 것이다.

뿐만 아니라 그는 윗사람보다는 아랫사람을 살폈고, 강자보다는 약자의 목소리를 들어 주는 감독이었다. 한국 대표팀 감독시절 있었던 일이다. 월드컵 개막 직전 최용수 선수가 자신이 잘 기용되지 않자 대표팀을 나가겠다고 했다는 기사가 실렸다. 홍명보 선수가 선수들의 입장을 대변해 그 기사가 오보라고 히딩크 감독에게 보고했을 정도로 경기 직전 선수들의 심리는 불안감으로 흔들리고 있었다.

히딩크 감독은 곧바로 기자회견을 열어 해당기사를 쓴 기자를 정면으로 공박하면서 퇴장을 요구했다. 평소 언론에게 부드러운 그였지만 감독으로서 여린 선수들을 뭉치게 하기 위해 강도 높은 심리전을 펼친 것이다.

히딩크 감독은 경기 중에는 엄하고 강한 승부사지만 개인적으로는 아날로그적인 여유와 재충전을 즐겼다. 1보 전진을 위해 2보 후퇴하며 준비하는 자세가 그의 지략에 예지를 덧붙여줬을 것이라는 해석이다. 긴장감이 감도는 훈련 중에도 그는 틈틈이 여행과 음악을 즐겼다고 한다.

본프레레 감독이 24시간을 축구만 생각하고 축구 공부만 하는 '모범생' 형이라면 히딩크 감독은 이와는 좀 거리가 먼 '자유주의자' 형이었다고나 할까. 그는 틈틈이 휴가를 챙기는 덕에 마음 급한 축구협회 관계자들의 빈축을 사기도 했다. 하지만 휴식을 취하고 돌아오면 완전히 달라진 모습을 보여줬다고 한다. 두 배로 재충전돼 그때마다 비장의 훈련법이나 공격대형을 내놓아서 주변을 놀라게 했다.

그의 아날로그적인 트레이닝은 경기 때마다 달라지는 의상 속에서도 나온다. 경기 전후 말 한마디에 많은 억측을 낳을 수 있는 인터뷰 대신 그는 양복과 넥타이 색깔로 경기에 임하는 그의 심리와 자세를 대신 표현했다. 예를 들면 강한 상대일수록 푸른 색깔의 넥타이를 맨다. 여러 나라 언어를 쓰며 세계를 누비던 바이킹의 후예, 네덜란드 출신의 그가 상징하는 도전과 응전의 표시였다. 꼼꼼하고 치밀한 발효정보, 강자에게 강하고 약자에게 약한 리더의 정신, 자연에서 충전을 받는 생활방식, 그리고 사고에서 행동까지 아날로그 성공 매뉴얼을 갖고 있었다. 우리의 4강 진출은 우연이 아니었다.

6. 따뜻함이 묻어나는 아름다운 사람 – 임성훈

여성의 사회적 위치가 높아지고 그만큼 비중이 높아졌다고 하지만 그래도 여전히 대한민국에는 보수적인 남자들이 많다. 특히 여자들이 많이 모인 자리에 가면 낯설어 하고, 여자들과 이야기를 잘하는 남자를 보면 의아한 표정으로 쳐다보기 일쑤다. 여전히 과묵함이 남자의 멋이라고 생각하고 있는 건 아닌지 모르겠다. 그에 반해 임성훈 씨는 다르다. 평소 과묵한 면모도 있지만 자신과 대화해야 하는 인물이 남자든 여자든 상관없이 자연스럽게 대한다. 또한 어리거나 나이가 많거나 개의치 않는다. 그는 남녀노소를 막론하고 한결같은 모습으로 다가간다. 임성훈 씨는 따뜻한 눈빛으로 눈높이를 맞춰 줄 줄 아는 사람이다.

나는 임성훈 씨와는 두 번 정도 방송을 함께 해봤다. 처음 함께한 방송 프로그램은 유학가기 직전에 했던 한 토크쇼에서였다. 나는 초대 손님으로 임성훈 씨는 MC로 만났다. 두 번째는 2002년 대선 때였다. 선거방송 사상 처음으로 연예인들과 함께 정치 토크방송을 시도한 적이 있다. 마찬가지로 나는 토론자로 임성훈 씨는 MC를 맡았다. 4명의 기자와 4명의 연예인으로 구성된 패널의 입담을 조절하며 이끌어가야 하는 프로그램이었다. 색깔이 확연히 다른 패널들 사이에서 중심을 잡는다는 것은 그리 쉬운 일이 아니다. 더군다나 무거운 주제를 가볍지도, 무겁지도 않게 이끌어가야 하는 상황이었다. 나는 그 당시 임성훈 씨의 진행을 보면서 참 많이 놀랐었다. 한결 같은 그의 태도 때문이다.

그는 그리 말을 많이 하지 않는 편이다. 그런데 이상하게도 그가 진행하는 프로그램에서는 항상 출연자들의 솔직 담백한 최초의 고백이 이어진다. 생방송인데도 임성훈 씨 앞에서는 그렇게 편안할 수가 없다. 나도 모르는 사이 그런 분위기가 조성된다.

임성훈 씨는 상대방을 긴장하지 않게 해주면서 이야기를 귀담아 들어 준다. 그의 그런 편안함 때문에 패널들은 진심을 털어놓을 수밖에 없다. 누가 뭐래서도 아니고, 강요에 의한 것도 아니다. 자연스럽게 부드러운 분위기가 물씬 풍어져 나온다. 그는 패널들의 대화내용을 일목요연하게 정리하고, 중간에 대화가 막히거나 어려움에 부딪치면 물꼬를 터준다. 그리고 대화의 속도까지 세심하게 배려해 적절히 제어한다. 아날로그 화법을 그는 본능적으로 몸에 익히고 있는 듯했다.

탁월한 진행능력은 그의 따뜻한 품성과 착실함에서 나온다고 해도 과언은 아니다. 방송을 준비할 때 보면 그는 언제나 제일 먼저 와 있다. 녹화 프로그램의 경우에도 스태프들이 준비를 다하기도 전에 출근해서 함께 일하는 사람들을 당혹스럽게 한 적이 한두 번이 아니다. 정상을 달리는 MC지만 그의 생활태도를 보면 아직도 사회 초년생처럼 보인다.

임성훈 씨 정도의 위치에서 모든 일을 솔선수범하고 항상 부지런한 모습을 보인다는 게 말처럼 쉬운 일이 아니다. 사실 그 정도 경력과 연륜이면 조금 우쭐대거나 거드름을 피울 수도 있건만 데뷔한 지 30년이 넘도록 그의 겸손한 태도는 한결 같았다는 것이 주위의 평가이다.

프로그램을 진행하는 그를 보면 남다른 면모가 또 있다. 보통 자극적인 말과 더 많은 수다로 앞서나가기 좋아하는 것이 진행자의 생리다. 그런데 임성훈 씨는 그 반대다. 함께 진행하는 상대 MC에게도 어떻게 대본을 이어나갈지 사전에 상의를 한다. 그리고 자신의 지식과 경험을 나누어 주며 프로그램 전체에 생기를 불어넣는 팀웍을 유도한다. 자신보다 방송의 질을 생각하는 것이다. 또한 많은 사람들이 참여한 생방송 중에도 발언의 기회를 갖지 못한 사람을 예리하게 찾아내고 어떻게든 발언의 기회를 준다. 혹 상대가 머뭇거리면 보다 매끄럽게 말을 할 수 있는 주제를 던져주며 동등한 비율로 이야기할 수 있는 길을 열어준다. 자신의 멘트를 소화하기에도 급급한 생방송에서 남까지 신경 써주고 조화를 유도하는 것은 관록과 고운 품성을 지니고 있지 않으면 불가능하다. 그에게서 나는 아날로그적인 삶의 원칙을 읽는다.

연세대 응원단장 출신으로 또 그룹을 결성했던 가수로 그리고 코미디언, 영화배우까지 섭렵했던 만능 엔터테이너. 그가 방송생활을 시작했을 때 최고의 MC로 중년을 보낼 것이라고는 아무도 상상하지 못했다. 그러나 이제 무게 중심을 잃지 말아야 하는 웬만한 대형 프로그램은 그가 없으면 적임자를 찾지 못할 만큼 영향력을 지니고 있다. 그는 대한민국을 대표하는 최고의 MC로 자리매김하고 있다.

그와 함께 프로그램을 진행했던 사람들은 이구동성으로 말한다. 그의 타고난 균형감각과 지적인 깊이는 방송 전 치밀하게 준비하고 공부하는 노력의 산물이고, 출연자를 배려하며 편안한 분위기를 이끄는 능력은 평소 말과 행동을 일치시키는 삶의 태도 때문에 가능한 것이라고 말이다. 나는 그 사실을 한참 뒤에 알았다.

애써 화려하게 치장하지 않고 애써 능수능란하게 보이려 하지 않아도 삶에서 배어나오는 향기는 자연스럽게 드러나기 마련이다. 겸손과 배려로, 일과 삶의 모습이 한결같이 똑같은 임성훈 씨. 그의 방송은 그래서 언제 봐도 질리지 않고 그리워진다. 그에게서는 아날로그의 향기가 물씬 풍긴다.

7. '독서'에서 나오는 카리스마 - 강금실

힘과 권력을 상징하는 곳이 바로 법조계다. 넥타이부대가 점령하다시피한 법조계에 '대한민국 최초 여성 법무부 장관'이라는 타이틀을 거머쥔 것만으로도 세간의 화제가 될 수밖에 없었다. 너무나도 여성스러운 강금실 전 장관의 외모도 한몫했다. 게다가 지난 국회법사위에서 특검법이 통과될 때 '코미디야 코미디' 하고 웃었던 것이 방송에 잡혀 또 한번 이슈가 되기도 했다. 그녀는 바로 정중하게 사과를 했지만 의원들의 하얗게 질린 얼굴은 좀처럼 풀어지지 않았다. 그런데 그녀를 알고 나면 그녀가 '코미디'라고 한 말이 특별한 의도가 있었던 것이 아니라는 것과 정중히 사과를 한 것도 쇼맨십이 아니라는 것을 알 수 있다. 그녀는 솔직 담백한 사람이다.

아날로그적인 행동원칙을 익히길 원하는 사람은 강금실 전 장관을 멘토로 삼으면 된다. 눈에 띄는 외모로 법조계 '효리'라는 별명과 신선한 화법으로 인기를 얻었지만 사실 강금실 전 장관이 갖고 있는 진정한 경쟁력은 따로 있다. 바로 '독서광'이라는 점이다.

내가 출판 원고를 쓰기 위해 전화를 했을 때도 그녀는 독서 중이었다. 르네 지라드의 '성과 폭력'의 개념을 우리 시대 인터넷 세상에 적용해 강하게 꾸짖는 어느 학자의 원고를 읽고 있는 중이라고 했다. 법률사무소 대표로 눈코 뜰 새 없이 바쁘지만 시간이 나는 대로 틈틈이 책을 읽는 것이 그녀의 취미이자 삶이다. 그녀가 법무장관으로 공직생활을 했을 때 독특한 말투가 화제가 되기도 했지만 크게 말 실수를 한 적은 거의 없었다. 책을 많이 읽은 내공이 발휘한 뒷심 덕이다.

강금실 전 장관에게는 색다른 면모가 많다. 사법고시를 통과했다고 하면 대부분 공부가 취미고 공부가 인생의 전부인 경우가 많다. 그만큼 앞만 보고 달려야 이룰 수 있는 일이기 때문일 것이다. 하지만 그녀는 달랐다. 강금실 전 장관은 춤을 배웠고 춤을 즐긴다. 그리고 여행을 좋아하는 자유스러운 면모를 갖추고 있다.

장관직을 끝내면 유럽으로 여행을 가고 싶다고 희망사항처럼 이야기하기도 했던 그녀는 자연 속에서 자유로운 해방감을 만끽할 줄 아는 전형적인 아날로그 법조인이다. 그래서 국회의원들이 국회에서 정치공방을 벌일 때 '코미디야 코미디'라고 말할 수 있었는지도 모른다. 기존 질서와 규격에서 탈피한 사고의 자유로움을 지닌 그녀로서는 어떤 비아냥의 의도가 아닌 그저 있는 그대로의 느낌을 말했던 것이다.

강금실 장관은 그녀만의 트레이드마크가 있다. 기존의 여성공직자들의 패션을 보면 색상이나 컬러, 디자인이 교복을 입은 모습처럼 정형화되어 있는 편이다. 이에 반해 그녀는 긴 치마정장과 격의 없는 숄, 화려한 장신구를 선보여 눈길을 끌었다. 강금실 전 장관은 검찰총장이나 자신과 입장이 다른 남성들과의 긴장어린 모임이 있을 때일수록 여성스러운 패션과 지극히 여성스러운 포즈를 취했다. 말을 줄이고 표정과 의상으로 부드러운 분위기를 유도하는 그녀만의 아날로그적인 대화법이다.

거침없는 생활법칙과는 반대로 자신의 내면으로는 고독과 사색을 즐기는 사람이 바로 강금실 전 장관이다. 그녀는 판사로 또 법무장관으로 재직시절 자신이 내린 판단으로 인해 상처받았을 사람들을 위해 매일 기도한다고 했다. 항상 자신이 모두 옳지는 않았을 것이라는 겸허한 자세로 과거를 되돌아보는 구도자의 삶을 지향한다. 아날로그적인 원칙으로 무장하고 생각의 깊이를 자연과 독서로 충전한 그녀의 일상이 그녀를 기존 질서에 저항하는 자유주의자로 남게 했던 것 같다. 이러한 모습 때문에 소신과 일탈을 쉽게 찾아보기 어려운 공직사회에서 그녀가 우리 눈에 들어왔던 것이다.

8. 가요계의 아날로그 전도사 – 이은미

"얼굴과 몸매로 승부하는 가수도 필요하다는 걸 인정한다. 하지만 너무 심하게 편중되어 있는 게 문제다. 음반녹음할 때 딱 한번 노래해 보고 평생 그 노랠 직접 부를 기회를 갖지 않는 걸 어떻게 '가수'라 할 수 있겠는가?"

흔들림 없는 목소리로 그녀는 립싱크 하는 가수는 가수가 아니라고 말했다. 다양한 재주를 가진 엔터테이너가 급부상하고 있는 현실을 감안해 생각해 보면 그녀는 시대에 발맞추지 못하고 뒷걸음치고 있는지도 모른다. 하지만 분명한 것은 그녀는 삶의 원칙을 고수하고 있다는 점이고, 가수라는 직업에 대해 자부심을 갖고 있다는 점이다. 그녀가 맨발의 디바로 20세기를 거쳐 21세기까지 '이은미 마니아'를 형성하고 있는 것도 바로 이런 이유 때문일 것이다.

가수 이은미 씨에 대해선 부정적인 사람도 있고 열렬한 팬도 많다. 그녀가 갖고 있는 색이 분명한 탓이다. 13년 전 데뷔곡 '기억 속으로'의 감미로운 목소리를 기억하는 사람들에게 그녀의 아날로그 행동방식은 격동적이고 자극적이다. 이은미 씨는 텔레비전보다는 라이브 무대를 고집하며 음악인으로서의 진면목을 발산하는 아티스트다. 일명 몸짱, 얼짱 가수들의 '기교'와 '요령'이 판치는 가요계를 정면으로 강하게 어필하는 자신감도 여기에서 나왔을 것이다. 얼굴과 몸매로 승부하거나 일명 '개인기'로 화면에 등장하고 노래를 한다 해도 립싱크로 때우는 가수들이 그녀의 성에 찰 리가 없다.

'기본'이 지켜지지 않은 데에서 나온 사회적인 문제점이라는 그녀의 이야기를 듣고 있다 보면 이은미라는 가수는 '원칙'과 '중심'에 철저한 아날로그 전도사라는 느낌을 받는다. 자본의 논리도 있고 '눈이 즐거운 것'을 찾는 대중의 시각적인 선호도 무시할 수 없는 시대라지만 그래도 가수는 무대 위에서 직접 노래를 불러야 한다고 '당연한 기본'을 역설하는 그녀는 가요계의 모세이자 이단아 같다.

또한 그녀는 노래와 함께 행동으로 승부하는 모습이 더욱 강렬한, 음악계의 잔다르크로 불리기도 한다. 전국에 있는 문화예술회관들이 권위적이고 전시적으로 운영되어 가수들에게 인색한 관행에 대해 정부에 직접 이의를 제의했고 그 일환으로 6개월 동안 문예회관 투어 공연을 했다. 그녀의 계란으로 바위 치기는 자고 있는 디지털을 깨우는 아날로그 자명종 같다.

한길에 몰두하는 삶의 열정이 무대 위의 열정으로 이어져 최고를 고수하던 그녀다. 공연에서도 언제나 최고 수준의 음향을 요구하는 이은미 씨는 음악인 선배들에게 그렇게 배웠다고 굳이 설명할 필요 없다는 듯 거침없이 말한다. 그러나 이 지극히 타당한 명제는 대중의 입맛과 인기몰이의 현실에 짓눌렸었다. 누구도 의문을 제기하지 않고 맹목적으로 따라가는 현실에 숨이 막혀서 이은미 씨는 한동안 가수 활동도 거뒀었다. 멈춰 있던 시간에 그녀가 찾아간 곳은 산 속이었다고 한다. 그녀는 그곳에서 '힘 빼기'와 '중용'을 생각했다고 말했다.

2년간의 공백기를 접고 이제 자신의 모습을 다시 보여주되 감정보다 소리에 집중하고 지나치지 않게 목소리에만 열중하자는 것이 그녀의 새로운 화두다. 이 두 가지 진리는 자신의 장점을 살리면서 지속적인 노력을 아끼지 않는 그녀가 터득한 깨달음이었다.

이은미 씨는 다소 어렵고 난해하다는 자신의 음악에 매듭을 짓고 듣기 쉽고 소박하며 자연스러운 '절제'를 추구하기 시작했다. 그래도 그녀가 그동안 가요계에서 아날로그적으로 그려온 길이 분명했던 만큼 어떤 분위기의 노래를 해도 그 특유의 힘은 차별화한 이미지로 우리에게 각인될 것 같다.

맨발로 노래하며 리듬의 폭발력에 집중했던 자유주의자 이은미. 엔터테이너로서의 가수 이미지가 강요되고, 부풀려지는 포장에 저항하는 원칙주의자 이은미 씨의 모습은 쉽게 부르고 편히 가는 이 디지털 시대에 더욱 돋보일 것이다.

9. 매화 향기를 지닌 신세대 연기자 – 배두나

매화는 순결한 백색 꽃잎을 가진 아름다운 꽃이다. 또한 한평생을 춥게 살아가더라도 결코 그 향기를 팔아 안락함을 구하지 않는다는 의미를 갖고 있다. '배두나'라는 배우는 매화를 닮았다. 어떤 배역도 자신의 것으로 만들 수 있는 도화지 같은 느낌이 닮았고, 연기 외에 다른 곳으로 눈을 돌리지 않는 절개가 닮았다. 그리고 형형색색의 화려함보다는 은은함이 묻어나는 것이 닮았다. 정형화된 미인이 아닌 그녀는 딱히 예쁜 구석이 없어 보인다. 그런데 신기하게도 그녀는 보면 볼수록 예쁘다.

튀어야 살아남는 연예계에서 배두나는 튀지 않는 길만 골라 간다. 그래서 더 튀어 보인다. 청춘스타로 한참 스타덤에 올랐을 때도 그 흔한 CF 한편 찍지 않았다. 자신의 주가를 더 올릴 수 있는 청춘 스타들의 총 집합장인 트렌디 드라마에서도 그녀의 모습은 찾아볼 수 없었다. 왜 그런지 묻자 그녀는 스타보다는 배우가 되고 싶었기 때문이라고 했다.

그뿐만이 아니다. TV 드라마로 한창 주가를 올리던 때, 그녀는 자기 나이엔 연기력을 키우는 것이 급선무라며 연극무대로 돌아갔다. 칭찬에 취하면 자신의 연기가 성장을 멈출 것이라는 경계심 때문이다.

그녀는 아직 어리다는 말이 더 어울린다. 그래서 더 의문이 든다. 영화와 TV의 화려함을 누리고 싶을 법도 한데 무미건조한 정통파 길만 고수하고 있으니 말이다.

그녀를 보면서 나는 기분이 좋았다. 멀리 보고 긴 호흡으로 자신의 경쟁력을 찾아나가는 연예계의 아날로그 신세대를 찾았기 때문이다. 배두나는 대중의 인기를 좇을수록, 박수소리에 예민해질수록 스스로가 연기자가 아닌 엔터테이너로 전락할 수도 있다는 점을 꿰뚫고 있었다. 돈과 명예를 추구할수록 연기자의 정도에서 벗어나 유혹에 빠질 수 있다는 점도 익히 파악하고 있는 것 같았다.

그녀가 일찍이 깨달음을 얻을 수 있었던 것은 연극무대에서 잔뼈가 굵은 어머니의 교육 덕이라는 말도 있고 대중매체가 배두나의 창의력을 소화하기에는 무대가 너무 좁다는 해석까지 의견이 분분하다. 어쨌든 배두나는 아날로그적으로 자신의 '내면'에 집중할 줄 아는 배우다.

화면에 좀더 많이 얼굴을 비춰서 인지도를 높이고, 삶이야 어쨌든 연기야 흐트러지든 말든 외모에 온 힘을 들이는 같은 또래 일부 연예인들과 그녀는 분명한 차이가 있다.

얼마 전 드라마에서 그녀는 화장을 전혀 하지 않은 노메이크업으로 주연을 했다. 젊은 여배우로 쉽지 않은 결정이었을 텐데 주인공 캐릭터를 위해 과감히 외모보다 연기를 택했다. 그것도 얼굴의 잡티 하나까지 적나라하게 드러나 모든 배우들이 화장에 더욱 신경을 쓰는 HD카메라 앞에서 말이다. 그녀는 튀어야 살아남는 연예계에서 아날로그 원칙을 고수한다. 그 덕택에 한번 그녀를 본 관객과 시청자, 그리고 가까이서 그녀를 지켜본 평론가들은 호평을 아끼지 않는다.

본능에 호소하고 귓가를 간지럽히는 '연예'와 '연기'가 구분되지 않는 지금의 연예계에서 냉정하고 묵묵하게 자신의 길을 걷는 그녀의 아날로그적인 삶을 지켜보는 사람이 많다. 현실 때문에 혹은 용기가 없어서 아니면 아예 몰라서 연예인들이 가지 않는 값진 길을 그녀가 대신 걷고 있기 때문이다.

10. 성장통을 두려워하지 않는 그녀 – 박경림

진한 쌍꺼풀, 오똑한 콧날, 앵두 같은 입술. TV에 나오는 연예인들이 갖고 있는 구성요소다. 여자 연예인이라고 하면 무조건 예뻐야 되는 줄 알았다. 그런데 어느 날 '네모공주' 라고 불리는 박경림이 등장했다. 모델처럼 키가 큰 것도 아니고, 미스코리아처럼 몸매가 매끈하지도 않았다. 그렇다고 목소리가 고운 것도 아니었다. 그럼에도 불구하고 어느 날부턴가 TV 채널을 돌리면 곳곳에서 그녀가 등장하기 시작했다. 타고난 입담과 거침없는 털털함을 무기로 시청자를 사로잡고 있었던 것이다.

박경림은 연예계 마당발로 유명하다. 그녀의 휴대전화 안에 입력돼 있는 번호는 무려 600개가 넘는다. 워낙 붙임성 있고 사교적인 그녀의 성향 때문이다. 그러나 첫인상이 좋았다고 해서 모든 사람이 다 나의 사람이 되는 것이 아니다. 그녀는 주변에 있는 디지털 정보를 자신의 가슴에 아날로그로 습득하는 방법을 진작부터 알고 있었던 것 같다.

박경림의 신조는 '대가 없이 베풀기' 다. 그녀는 자신이 베푼 만큼 상대방에게 무언가를 기대했을 때 만족할 만한 대가가 나오지 않으면 상처받고 관계가 어색해지는 것 같다고 말했다. 그래서 사람을 목표로 해야 하는 '인간 관계' 가 사람을 수단으로 생각하는 '인간 관리' 로 삭막해지는 것을 막기 위해 베푸는 삶을 인생의 철칙으로 삼고 있다고 한다. 그리고 나 혼자 잘되면 주위에 남는 사람이 없지만 함께 잘되면 모두가 내 곁에 남아 있을 것이라고 말씀하신 부모님 덕에 베푸는 삶이 몸에 배어 있었던 것 같다고 말했다.

의리파답게 그녀는 데뷔시절 첫 인연을 소중하게 간직하고 있었다. 가장 절친한 사람이 누구냐는 질문에 가수 이문세 씨를 꼽았다. 처음 방송에 데뷔했을 때 자신을 인정해 주고 방송의 기회를 줬다고 말하는 그녀의 이야기 속에는 아직도 그에 대한 고마움이 묻어나는 것 같았다.

우연처럼 시작된 인연을 오랜 시간 이어가며 신의를 지키는 박경림. 늘 유쾌하고 발랄한 그녀에게도 아픔은 있었다. 초등학교 6학년 때 박경림은 단칸방에 6명의 가족이 함께 살았고 서울 변두리를 찾아다니며 찹쌀떡 장사를 했다고 한다. 그녀는 그때 하루에 10만 원도 번 적이 있다며 소녀 재벌이었다고 애써 자랑하지만 그 마음이 어떤지 알 것 같았다. 당시 그녀가 힘든 가정생활 속에서 낯모르는 사람들에게 찹쌀떡을 팔았던 경험이 수많은 사람들에게 즐거움과 감동을 주는 지금의 박경림을 만들어 줬는지도 모른다. 어떤 질문을 해도 웃음보따리로 화답하는 박경림의 순발력과 창의력은 희망을 잃지 않고 최선을 다하는 노력으로 완성된 것이다. 고난과 고통은 성공의 수험료였던 것이다.

그녀가 한참 잘나갈 때 불쑥 미국으로 유학을 떠난 것도 다른 연예인과 다른 점이다. 더 큰 세계에서 진정한 경쟁력을 배우고 싶었다고는 하지만 주요 오락 프로그램을 장악하고 있던 현실을 생각해 보면 분명 쉬운 결정은 아니었을 것이다. 계절마다 달라지는 프로그램 편성과 시청률 경쟁 속에 유학 후 그녀에게 다시 기회가 주어진다는 확실한 보장이 없기 때문이다. 또한 유행의 흐름이 유난히 빠른 방송가에서 재충전의 시간을 갖는다는 것은 공백만큼 감각을 떨어뜨릴 수도 있는 일이었다.

박경림은 모든 경우의 수를 접고 유학을 단행했다. 장기적으로 자신의 경쟁력을 다듬고 싶다는 대담함을 보여준 것이다. 그녀는 워낙 맨손으로 시작한 일이라 무엇을 잃는다는 박탈감도, 귀국하면 전 같지 않을 것이라는 두려움도 없었다고 말했다.

당찬 행보는 미국에서도 이어졌다. 그녀는 닥치는 대로 공연과 연극을 모니터하고 많은 사람들과 대화하며 아이디어를 발굴해 나갔다. 자신의 달라진 모습을 보여줄 그 어느 한순간을 위해 오랫동안 발로 뛰고 현장을 고수하는 아날로그적인 장기 비전을 세웠던 것이다. 다시 돌아와 시청자 앞에 선 그녀는 전과 부쩍 달라져 있었고 보다 성숙한 모습이었다.

망설임없이 떠난 그녀가 돌아오자 방송계도 망설임없이 그녀를 맞았다. 성공의 긴 호흡을 위해 성장통을 두려워하지 않는 그녀의 노력과 결단 그리고 격의 없는 인간다움이 아날로그를 대표하는 성공담으로 남길 바란다.

11. 생각 많은 애어른 - 박주영

대한축구협회 홈페이지를 통해 조사한 바에 의하면 2005년 최고의 경기는 네덜란드 엠멘에서 열린 '세계청소년선수권대회 나이지리아전'인 것으로 나타났다. 당시 F조 1차전에서 스위스에 1-2로 역전패한 뒤 2차전에서 나이지리아를 만났다. 한국은 전반 선제골을 내준 데다 박주영이 페널티 킥마저 실축해 패색이 짙었다. 그러나 팔이 탈골된 상태에서도 끝까지 투혼을 발휘한 박주영이 후반 44분 그림 같은 프리 킥 동점골을 터뜨렸다. 이어 추가시간 2분쯤 백지훈이 사각에서 시원한 결승골을 터뜨려 2-1의 기적 같은 역전승을 거뒀다. 이때 사람들은 박주영과 백지훈이 3분의 기적을 낳았다고 표현하기도 했다. 이 경기로 박주영은 일약 스타가 됐다. 그러나 직접 만나본 박주영은 스타기질은 좀처럼 찾아보기 힘든 인물이었다. 그리고 지금까지 소개한 인물들 중 최연소임에도 불구하고 화면에 비쳐지는 그의 모습은 차라리 연륜이 있어 보인다. 아마도 나이와 어울리지 않는 겸손함 때문인 것 같다.

그는 무슨 질문을 해도 남의 덕으로 돌린다. 천재라고 불린다는 질문에 우쭐할 법도 한데 운이 좋은 탓이란다. "잘된 것은 남의 덕이고 안 된 것은 자기 탓이다"라고 담담하게 말하는 말투를 보면 농밀한 계산 끝에 나오는 '더듬수' 도 아니다.

박주영을 보면 경기내용이 나쁠 때에도 자신의 실수를 인정하고 담백하게 의지를 다지는 설기현 선수와 이영표 선수의 옛 모습을 보는 것 같다. 경기를 보는 안목도 20살 욕심 많은 축구 영재라기보다는 산전수전 다 겪은 프로팀 감독 같다. 그는 월드컵 조 편성이 비교적 무난했다고 모두들 들떠 있을 때, 만만한 상대는 하나도 없는 것 같다고 했다. 또 월드컵에 올라간 나라라는 사실 자체가 잠재력을 갖고 있는 것만큼 매 경기마다 최선을 다해야 할 것 같다고까지 했다. 정말 애어른이 따로 없다.

경기 중 골을 넣은 뒤 카메라가 어디 있는지 귀신같이 찾고 달려가 세레모니를 하는 '카메라 해바라기성' 선수가 있는가 하면 가급적 축구와 관계없는 것은 사절하는 박주영 같은 선수도 있다. 박주영이라는 선수에게서 내가 찾은 아날로그적인 특징은 말을 아낀다는 점이다. 질문을 해도 답변이 거의 단문에서 벗어난 적이 없다. 어눌한 말투로 우물우물 말하는데 핵심은 반드시 하나씩 숨어 있다. 특히 긴장을 하고 임해야 하는 경기 전후론 더욱 입이 무거워진다. 나는 "마음을 다스리기 위해 말을 줄이겠다"고 말하는 그에게 할말을 잃어버렸다.

입지가 올라가면 자연스럽게 말할 기회가 많아지고 말을 하다 보면 실수도 하게 된다. 그리고 마음도 흔들리는 법이다. 그럴 만한 위치에 올라가고 있는데도 불구하고 그는 몸을 낮춰 바람을 피한다. 이미 모든 것을 터득하고 있는 듯했다. 알아서 발언 수위와 횟수를 조절하는 박주영은 전형적인 아날로그적 사고의 소유자다.

그의 겸손과 절제된 화법은 골인 후 세레모니에서도 나타난다. 최정점의 기분을 만끽하는 시점에 격렬한 세레모니가 나올 법도 한데 박주영은 그 반대다. 오히려 환호와 박수로 가장 시끄러운 순간 그는 가장 조용해진다. 경기장이 터질 듯 함성을 지르는 군중을 뒤로 하고 뭔가 생각에 잠긴 듯한 모습을 보인다.

박주영은 스무 살이다. 남 앞에서 보이고 싶은 것도 많고 함께 느끼고 싶은 것도 많을 나이다. 그런데 그는 오로지 축구뿐이다. 무엇을 위해 살고 있는지 그리고 어떻게 살아야 하는지 스스로에게 끊임없이 묻고 훈련한 결과다. 자신이 무엇을 좋아하는지, 어떤 사람이 되고 싶은지 꿈도 구체화하지 못한 젊은이들이 적지 않은데 어린 박주영은 벌써부터 인생의 희망과 꿈이 선명하다.

흔들리지 않고 마음의 중심을 잡는 것은 디지털 시대를 사는 아날로그적인 사람을 돋보이게 한다. 산을 높이 올라갈수록 빛은 많이 받겠지만 바람도 거세지기 때문에 더욱 발걸음을 조심스럽게 떼야 한다. 목표지점에 다가갈수록 몸을 낮추고 신중한 발걸음을 내딛는 박주영의 당돌한 축구 인생이 많은 사람의 주목을 받는 것도 바로 이런 이유 때문인 것 같다.

Epilogue

디지털 시대에 생명력을 불어넣는 아날로그의 힘

책이 마무리 될쯤 내 귀에 들려오는 뉴스들은 온통 아날로그적인 것들이었다. 디지털의 편리함 뒤에 침몰할 것 같았던 아날로그 제품들이 매출의 반란을 일으키고 있고, 간편한 전자사전보다는 종이사전의 매출이 다시 뛰고 있으며, 온라인 결제와 인터넷 광고 때문에 줄어들 것 같았던 종이와 광고지 생산이 오히려 늘고 있다는 소식이었다. 또한 느리게 살기 위해 마음을 다스리는 요가와 참선 등 마음산업이 급성장해 시장규모가 몇조 원대를 호가하기 시작했고 디지털 제품마저 '정과 향수, 고전과 추억'을 담는 복고 디자인을 쓰지 않으면 1위를 차지할 수 없게 됐다는 수치가 신문의 일면을 장식하고 있다.

왜 첨단의 디지털 시대에 사람들은 아날로그로 다시 회귀하고 있는 것일까. 결국 우리가 정착해야 할 마음의 고향이자 원천이기 때문일 것이다. 속도보다 본질을 찾자. 디지털 휴대전화의 메모 기능이 아날로그 기억을 일일히 담아줄 수 없고, 디지털 카메라처럼 사진과 추억의 삭제가 쉬운 매체도 없다. 편하지만 일회성이다.

우리가 그리워하고 추구해야 할 목표는 세상에 지워지지 않을 나만의 아날로그 발자취이며, 그 발자국을 따라오는 시대에 희망이 있다. 세상이 그리고 사회가 간직하고 싶어하는 사람은 원칙을 향해 걷고 깊이를 아는 소유자이지, 기교와 잔꾀의 엔터테이너가 아니다. 결과보다는 과정을 중요하게 생각하는 아날로그의 힘은 디지털 시대, 나만의 역설적인 경쟁력이 될 것이다. 그것이 브랜드이고 성공이다.

매일 아침을 뉴스로 열며 디지털의 속도를 체감한다. 더 빨리 변신하지 않으면 뒤처지는 경쟁에서 살아남기 위해 기발한 눈속임으로 어깨를 밟고, 사람을 소외시키는 범죄와 사건사고는 이제 웬만한 극악한 정도가 아니면 전파를 타지 못한다. 어느새 디지털의 속도와

불화에 내성이 생긴 탓이다. 정신없이 질주하는 디지털의 중심을 잡고 싶다는 욕심. 그리고 공허해진 세상을 아날로그로 대체하며 윤택하게 채우고 싶다는 생각은 기자로서의 나의 삶을 끈질기게 따라다닌 동반자였지만, 다시 세상에 알리고 책으로 만나는 용기를 내는 데엔 4년이 걸렸다.

아날로그의 메시지가 디지털 세상에서도 검증될 수 있도록 무게 중심을 잡아 주신 삼성경제연구소 최병삼 연구원님, 사람을 위한 대화의 장을 펼치기 위해 평생의 위업을 아낌없이 나누어 주신 경희대 허경호 교수님 그리고 취재가 아님에도 흔쾌히 서면인터뷰와 집필을 도와주신 LG그룹 정상국 부사장님과 마감시한을 전혀 의식하지 않는 저자의 대담함에 느리지만 확실한 책을 만드는 인내와 배려로 화답해 준 순정아이북스 편집진, 마지막으로 나의 아날로그 아이디어의 원천이었던 마이클과 사랑하는 가족들에게 짧지만 깊은 감사를 남긴다.

아날로그 성공모드

초판 1쇄 발행 2006년 1월 15일

지은이 : 김은혜
펴낸이 : 김순정

편집 : 오유미, 김민수, 이수경　외주교정 : 김수정
기획 진행 : 김순애
디자인 : 디자인 붐
사진 : 정의석
출력 : 한국커뮤니케이션
인쇄 : 대광문화사

펴낸곳 : 순정아이북스
등록번호 : 제16-2832호
등록일자 : 2002년 10월 8일

주소 : 서울특별시 서초구 서초동 1330-18 현대기림빌딩 704호
대표전화 : 02-597-8933　팩스 : 02-597-8934
홈페이지 : www.ikorealeaders.com

순정아이북스는 독자 여러분의 멘토가 될 수 있는 책을 만듭니다.

ISBN : 89-953941-8-8　03320
값 : 9,800원